小学生妈妈不着急

唤醒内驱力，守护天性

茉香花开　著

清华大学出版社
北京

内 容 简 介

小学教育要遵从孩子的身心发展特点，将教育融入日常生活，真正做到因材施教，引发孩子的内驱力和探索精神，实现成长的加速度。

本书分为 10 章，详细介绍了小学阶段的注意事项和知识点，涵盖的主要内容有：为孩子成长做准备，陪伴孩子是一种能力，了解 6 ～ 12 岁孩子的身心发展特点，为孩子小学入学培养好的生活习惯，教育孩子远离危险的游戏，培养孩子良好的行为习惯，培养孩子良好的道德品质，让孩子养成文明礼仪习惯，用爱架起沟通的桥梁，教育孩子从阅读开始。

本书的特色是以经典的小学案例阐述小学生养育的问题。读者对象是重视小学学习习惯和能力培养的家长、对小学教育感兴趣的相关人员及小学教育从业教师等。祝愿所有与本书结缘的读者都有美好的未来。

图书在版编目（CIP）数据

小学生妈妈不着急：唤醒内驱力，守护天性 / 茉香花开著. —北京：清华大学出版社，2022.3（2022.8重印）

ISBN 978-7-302-60023-7

Ⅰ. ①小…　Ⅱ. ①茉…　Ⅲ. ①儿童教育—家庭教育　Ⅳ. ①G782

中国版本图书馆CIP数据核（2022）第020313号

责任编辑：张立红
封面设计：蔡小波
版式设计：方加青
责任校对：赵伟玉
责任印制：丛怀宇

出版发行：清华大学出版社
网　　址：http：//www.tup.com.cn，http：//www.wqbook.com
地　　址：北京清华大学学研大厦 A 座　　**邮　　编**：100084
社 总 机：010-83470000　　**邮　　购**：010-62786544
投稿与读者服务：010-62776969，c-service@tup.tsinghua.edu.cn
质 量 反 馈：010-62772015，zhiliang@tup.tsinghua.edu.cn
印 装 者：三河市东方印刷有限公司
经　　销：全国新华书店
开　　本：145mm×210mm　　**印　　张**：8　　**字　　数**：201 千字
版　　次：2022 年 5 月第 1 版　　**印　　次**：2022 年 8 月第 2 次印刷
定　　价：69.00 元

产品编号：084594-01

前言

现在主流的小学教育理论更适合专业人士来学习，并不适合大部分家长。对于繁忙的现代人来说，能简单地翻翻目录，轻松找到解决具体问题的对策，是最合适不过了。

本书展示了各个典型案例和具体过程，让家长或教育者能更轻松地理解并拿来就用，具有很好的实操性。

传统的 6 ～ 12 岁儿童的小学教育存在很多问题。例如，部分孩子启蒙过晚，或者家长弄不清到底如何开始启蒙，不重视阅读学习，不能帮助孩子形成良好的学习习惯，很多孩子存在生活习惯差、安全意识欠缺、不知道如何沟通等问题。有的家长不顾孩子年龄特点和需求，一味照搬别人的养育方法，忽视孩子的天性，使孩子感觉不到公平、尊重和爱，内心缺乏安全感，没有底气面对学习和生活，无从正确唤醒内驱力，逐渐失去求知的意愿，随波逐流。

小学教育的科学养育方法应该是父母遵从孩子的身心发展特点，做孩子成长的同行者，理解并尊重孩子，和孩子一起探寻成长的秘密。从日常生活的相知相伴到各种习惯的亲子示范及能力的培养，家长都要亲力亲为，真正做到因材施教。

科学的养育应通过家庭亲子阅读和专门的科目学习，唤醒孩子的内驱力和探索精神，将小学教育融入日常生活，促进孩子品格与人格的正向发展，激发孩子进取的乐趣，从而实现成长的加速度。

主要内容

孩子 12 岁之前最关键的时期是小学六年，而小学六年中最重要的是家庭教育。关于家庭教育包括哪些方面，应该从哪方面努力，父母要特别注意什么，孩子都有哪些表现等诸多问题，本书会用一系列实例告诉你答案。

第 1 章是为孩子成长做准备。本章讲述为孩子做成长规划；打造健康家庭氛围；不打不骂，不溺爱孩子；不照搬祖辈的经验养育孩子；培养孩子终身学习的理念；学会获取育儿知识。

第 2 章告诉家长陪伴孩子是一种能力。家长要注意把孩子身体健康放在第一位；寻找孩子喜欢的运动；坚定培育孩子的理想信念；一定要有强大的执行力；面对突发问题三分钟控制情绪；一定不能讲给孩子的话；积极评价孩子的具体行为；每天必须和孩子交流的三个问题；每天抓住黄金时期倾听孩子的情绪表达；具备因材施教的能力。

第 3 章是了解 6 ～ 12 岁孩子的身心发展特点。家长要了解各学段孩子的特点；清楚低年级的孩子慢是常态，等等孩子；不给孩子贴负面标签；说到做到。

第 4 章是为孩子小学入学培养好的生活习惯。本章讲述如何让孩子养成好的饮食习惯；教给孩子卫生健康习惯；教给孩子校外安全知识。

第 5 章是教育孩子远离危险的游戏。主要内容包括不在公共场合抛掷重物、扔东西；不在室内、走廊玩追击游戏；不玩橡皮筋崩纸团；不玩带火药的玩具或干燥剂；不带美工刀去学校；不玩水晶泥、激光笔；不乱扔东西；不玩红领巾牵脖子游戏；不玩突袭、碰撞游戏。

第 6 章是培养孩子良好的行为习惯。主要话题包括自己制订计划和惩罚方式；讲信用的契约精神；和父母一起做家务；不装糊涂，及时回应父母；不打架，不迟到；不撒谎，实事求是；忘戴红领巾，妈妈狠心送我进学校。

第 7 章是培养孩子良好的道德品质。主题包括拒绝喝酒；爱集体——拔河输了，我们班同学都哭了；实现目标，保驾护航；特殊的礼物；爱祖国——参观抗疫展厅，孩子们热泪盈眶；助人为乐——为爱“捡到”100 元；拾金不昧——失而复得的 500 元。

第 8 章是让孩子养成文明礼仪习惯。主题包括把“请”“谢谢您”“对不起”挂在嘴边；不乱拿别人的东西；人际交往不霸道；不随意打断别人，学会倾听；不背后议论别人；不给同学起绰号。

第 9 章是用爱架起沟通的桥梁。本章探讨和孩子保持融洽的亲子关系，用严要求帮助孩子戒掉小毛病，用爱治愈孩子心里的小别扭，共 24 个实例。

第 10 章主要介绍阅读，涵盖教育孩子可以从 0 岁开始阅读，顺利打造孩子的阅读体系，阅读影响孩子的思想行为，阅读影响孩子的专注力，帮助孩子学会费曼学习法，快速学习其他学科的基石，通过 6 大板块和 21 个实例，具体讲述阅读在教育孩子中的作用。

说明：文中所有人物均为化名。

作者介绍

茉香花开（刘秀美），中国共产党党员，教育部基础教育课程“新课程远程研修”优秀学员。拥有 24 年一线教学经验，多次获省市级奖项，发明 4 项国家专利。

读者对象

- 家有 6 ～ 12 岁儿童的家长。

- 小学教育从业教师。
- 师范类学生。
- 将要从事教育行业的人。
- 对小学教育感兴趣的相关人员。
- 母婴育儿从业人员。

目录

第 4 章 为孩子小学入学培养好的生活习惯 / 71

第 5 章 教育孩子远离危险的游戏 / 101

第 8 章
让孩子养成文明礼仪习惯 / 153

第 9 章
用爱架起沟通的桥梁 / 167

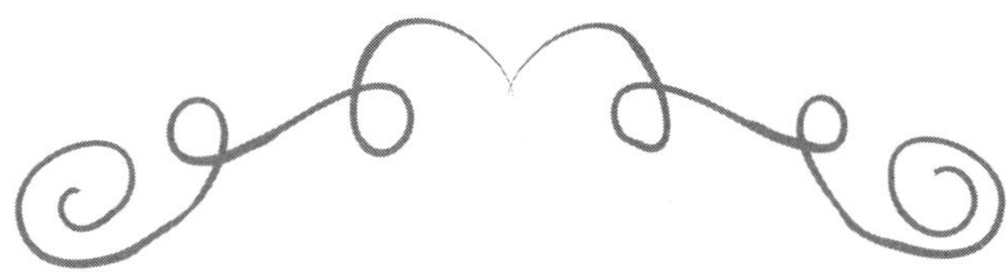

第 1 章 为孩子成长做准备

对新生命的期待，让我们无比包容、富有耐心，用极大的爱心，教会孩子说话、吃饭、走路。可是，当孩子日益脱离我们的怀抱，甚至进入小学，我们该怎样保持母慈子孝的相处呢？又该如何为孩子的成长做准备呢？

1.1 为孩子做成长规划

随着孩子日渐长大，父母在和孩子每一次的敏感期碰撞中，对孩子的容忍度阈值不断升高。是父母对孩子的爱降低了吗？不，只是父母对孩子有所期盼。有的父母对孩子的未来充满焦虑、担忧，偶尔会对孩子冷言冷语。虽然他们知道这加剧了亲子矛盾，却无能为力，甚至以为自己做出了最正确的选择。那么，我们该怎么对待日益长大的孩子？该怎么为孩子做成长规划呢？

阳阳和妈妈的故事是我见过的一个很有代表性的例子。

阳阳的妈妈对阳阳要求特别高。每天晚上放学回家，不管多晚，也不管有多少作业，阳阳都要写完再睡觉。有一次，因为竞赛辅导，结束时已经晚上 11 点多了，阳阳想第二天早上起来再写作业，却被妈妈一口回绝。

妈妈的要求是，每次考试必须满分，否则阳阳就要挨打。有一次竞赛试题特别难，阳阳只考了 95 分，趴在桌子上号啕大哭，嘴里喊着："回家后妈妈要打我了！"

"哪里有压迫，哪里就有反抗。"这话一点儿都没错。到五年级的时候，阳阳终于反抗了。虽然他一直很优秀，但明显没有了以往的劲头，人总是蔫蔫的。面对妈妈的时候，他虽然敢怒不敢言，可是不满的情绪怎么也遮掩不住。

阳阳妈妈无计可施。妈妈只要一说上句，阳阳立即接下句。妈妈检查作业或辅导时，阳阳就摆出一副应付不满、打就打呗的态度。

阳阳妈妈很无奈，但她不是一个轻易妥协的人。在和阳阳一次次的斗智斗勇中，妈妈不断学习、总结，并到处取经，逐渐改变策略。

阳阳妈妈的目标是孩子顺利进入最好的中学、高中、大学。显然，现在阳阳的态度出现了问题。成绩虽然还可以，但孩子不是发自内心地寻找学习的乐趣，终究只是为了考试，这是走不远的。阳阳妈妈很用心地整理了最好的中学的资料，并分析阳阳的情况。孩子只要保持目前的学习状态，是没有问题的，尤其是一定要保持心态稳定，提高学习兴趣。

所有孩子的问题都可以在家庭中找到原因。阳阳妈妈在反思中痛定思痛，立即强制自己改变对孩子的教育方式，不再因为考试分数打骂孩子，不再强迫阳阳上兴趣班。阳阳很知足，很快转变了态度。

每个家庭中父母孩子、家庭环境、教育条件都不一样，但我们要时刻记住，用像对待婴幼儿一样的爱心、耐心，对待我们的小学生。小学的学习生活，在成年人看来很简单、很容易，可对于我们的孩子，是生命中的第一次，有许多无措和困难。当孩子“犯错误”的时候，正是向我们求救的时候。我们应当放下焦虑，稳定情绪，和孩子一起找到原因，一步一步地解决问题。

孩子的成长，要达到什么目标？每一个年级要达到什么程度？每一学期、每一个月要解决什么问题？每一周呢？一点儿一点儿细化，把问题分解，就不会有太多的焦虑，也不会对孩子有太多的苛责，何乐而不为？

1.2 打造健康家庭氛围

任何教育问题都可以追溯到家庭教育。孩子的成长关键期在 12 岁以前，为了孩子，我们一定要打造健康的家庭氛围。

对孩子影响最大的因素是父母情绪是否稳定，以及及父母关系是否和谐。

很多家长喜欢和孩子开这样的玩笑：“爸爸妈妈要是离婚了，你跟谁呀？”

这样的玩笑，对个别孩子来说可能没什么影响，但对大多数孩子来说都是非常不好的。那种内心的忐忑可能要持续很长时间。

不管成绩好坏，孩子情绪有问题，大多是家庭的原因。

小智是一个很有灵气的男孩子，但是看上去总是玩世不恭。他的学习成绩一再下滑，只是因为母亲经常歇斯底里地发脾气。

苏苏是个很优秀的女孩子，父母都是成功人士，但是她总是喜欢一个人默默地坐着。有一次写关于亲人的作文，苏苏竟然写的是家庭惨遭车祸，爸爸不幸身故，妈妈躺在 ICU 抢救。当时，我们的第一反应是，这孩子怎么抄作文？因为每天上下学，都是爸爸妈妈轮流接送苏苏。再说，即使是抄作文，五年级的孩子了，也不应该抄写这样有忌讳的文章。这件事，老师真不好直接问孩子，只好委婉地向苏苏妈妈透露，孩子这段时间情绪不稳定，很不开心。

谁知道，苏苏妈妈叹了口气，说出了原委。原来这一段时间，苏苏的父母正在闹离婚。

面对很多家庭问题，父母在解决的时候，尽量不要波及孩子。即使是有分歧，也要避开孩子。如果真要离婚，那就和平分手，给孩子讲清楚，孩子也是能理解的。最糟糕的是，父母不管不顾地大吵大闹，孩子既痛苦又无能为力。

爱孩子，就给孩子一个温暖的家。

1.3　不打不骂，教育孩子

> 教育孩子靠的是家长的爱和引领，和谐的亲子关系有利于家庭教育，父母一定要摒弃打骂孩子的陋习。

在所有教育手段中，对小学生来说，最直接、最无力的手段就是打骂。一二年级的孩子可能害怕父母的呵斥。但随着孩子年龄的增长，自我意识的增强，呵斥、气急败坏等基本上没什么用。

我曾不止一次见到，有的父母看到孩子，不是欢喜地听孩子倾诉在学校的生活与感受，而是一上来就询问孩子的作业、考试，稍不如意就立即呵斥，甚至责骂。这样的家长，错失了了解孩子的最佳时机，只顾发泄自己的情绪，导致孩子完全失去了与父母亲近的胆量，内心只剩下恐惧、责骂、自卑。没有被爱充盈的孩子，能走多远呢？

小牧的妈妈是一位老师。小牧天天在妈妈的监视下学习，只要稍微有点风吹草动，妈妈马上就会知道，回到办公室就对小牧劈头盖脸地训斥和打骂，从来不管是不是有人看着。不知道小牧到底怎么想的，哭过之后，照样一副没心没肺的样子。但从三年级到四年级一路走来，妈妈能明显地感觉到小牧越来越不怕妈妈的打骂，可能等不到上初中，妈妈就对小牧无能为力了。

我们知道，教育孩子的前提是受孩子尊敬，所以不能和孩子过于亲密，否则就容易过于随便，但态度要友好。因此家庭教育就更不容易把握。

在家庭教育中，我们既要保持良好的亲子关系，又要让孩子按照自己的要求去努力，所以就一定要讲策略。小潘妈妈就做得比较好。

小潘妈妈做事比较有计划，孩子上学前，就做好了一切计划。每天亲自接送，中午安排午休，接到孩子之后先倾听孩子表达，然后提出建议。如果孩子犯错误或考试失利，小潘妈妈从来不会在公共场合批评孩子，而是回家后和孩子单独沟通。虽然说爸爸是重点大学的教授，妈妈是重点大学毕业，但妈妈还是给小潘找了最合适的伴学，分担父母不擅长的部分。孩子有这样的妈妈一路保驾护航，一定能进入最好的中学。妈妈经过慎重选择，决定让孩子走竞赛路线，针对本省的情况，又帮助小潘选择最合适的竞赛科目，陪着小潘到各地学习、参赛，最终小潘顺利保送清华大学。

小潘的妈妈充分尊重小潘，又帮助他规划了最好的路线，怎不让小潘心服口服？

许多家长追求打骂下孩子所谓的“听话”，岂不知不停的打骂怎能让孩子真正听话呢？只有父母做得足够好，孩子才能认识到听父母的话是对的，孩子才能心服口服，这才是正确的教育。要改变孩子，应先改变自己和自己的教育方式。

1.4 不溺爱孩子

孩子从懂事开始，就要实行正规的教育，如果不正视这个问题，父母迟早要尝到自己亲手种下的苦果。

养育孩子就如种树。小树苗如果长得枝枝蔓蔓、弯弯曲曲，要是能被及时修剪、扶正，那么还是很容易成材的；如果随便成长，就很容易长歪。

小赢就是这样的孩子。

小赢有三个姐姐，妈妈尤其娇惯小赢。从小，小赢想要什么，妈妈从来都是满口答应，几个姐姐也都得让着小赢。爸爸虽然知道这样不妥，可是他拗不过强势的妈妈。

小赢都是五年级的孩子了，还天天在地上打滚玩耍，衣服、书包随地乱扔乱放，一个学期下来，能丢十多件衣服。

小赢上学时，欺负同学，打架斗殴，逃学旷课，不写作业，样样齐全。老师无奈，联系小赢的妈妈，小赢的妈妈还极其不耐烦，认为所有人都看不得小赢好，都是在和小赢作对。

老师无奈，只好每次一有情况就通知小赢爸爸。

可最终还是出事了。有一天，小赢没有按时回家，这下小赢的妈妈不淡定了。她打电话联系老师，又亲自跑到学校，要求校长、书记、班主任亲自查监控，发校讯通。结果很快出来了，小赢跟着班级队伍走到接送点，然后和其他班同学一块儿走了。这个结果也得到了其他家长的证实。

就是这么无奈，这次的事情解决了，小赢的妈妈还是一如既往地娇惯小赢。

父母无条件地纵容溺爱孩子，孩子就不能养成任何好的习惯，虽然孩子在家里可以为所欲为，轻易得到满足，可是当孩子走出家庭，面对的却是来自四面八方的审视。当孩子与别人都不能和谐相处的时候，还是别人的问题吗？

娇子如杀子！

1.5 不照搬祖辈的经验养育孩子

养育孩子，就要用经得起考验的教育理论和知识武装自己，尽可能给孩子快乐的童年。“父母养育我用的是什么样的办法，我还用什么样的办法养育自己的孩子”这样的思想应该尽早改变。

“近朱者赤，近墨者黑。”我们在教育孩子的时候，虽然不一定要学“孟母三迁”，但在今天获取教育资源这么便利的条件下，父母仍然可以选择接触有益的人和环境。

珍珍妈妈是高学历全职妈妈，虽然学业很成功，自身也从小形成了很好的学习习惯、行为习惯，但在珍珍妈妈的记忆里，她的童年一点儿都不快乐：父母无休无止地呵斥、批评、否定，甚至恐吓、打骂。即使成年后，她时不时想起来，还耿耿于怀。人们常说，有人用一生治愈童年，珍珍妈妈的情况大概如此。

珍珍妈妈在珍珍身上践行了反祖辈教育经验的实验：没有打骂，只有温柔坚定的教育；没有呵斥批评，只有妈妈陪伴着孩子一点儿一点儿地解决问题。

记得一年级的时候，珍珍总是混淆拼音“b”和“d”及“p”和“q”，再加上英文字母，简直是一盆糨糊。如果是珍珍的姥姥，大概又会咬着牙，恨铁不成钢地用一根指头，点着珍珍妈妈的头说：“你怎么这么笨！”然后再打上几巴掌。

可是珍珍妈妈一点儿都不在意，读错了，写错了，纠正过来，隔两天再读再写，或者干脆领着珍珍阅读，一点儿都不着急。连珍珍都问妈妈，这几个学不会、分不清怎么办，妈妈摸摸珍珍的头说：“没关系的，读得多了看得多了，自然就记住了。”还别说，就是由于妈妈这温和的态度，珍珍竟然很快分清楚了。

珍珍妈妈真正明白，不能过于强化孩子的错误，不能让孩子背上思想包袱，否则孩子见到犯过的错误就犯怵。当珍珍读过写过仍然犯错的时候，珍珍妈妈意识到，可能这就是珍珍需要过的一个坎，需要时间让孩子慢慢消化。所以珍珍妈妈不逼迫孩子，只是时不时地带领珍珍阅读复习。正确的东西按记忆规律（艾宾浩斯记忆曲线）不断出现在珍珍面前，在大脑中不断强化，不久，珍珍就把这几个拼音分得清清楚楚了。

一二年级的孩子，做什么事情都是比较慢的，珍珍姥姥是个急性子，珍珍妈妈因此经常被唠叨、恐吓，没少吃“爆栗子”。

珍珍一年级的时候，也是慢腾腾的。可是珍珍妈妈从来没有在旁边催促。“快点儿！赶快写！你咋那么慢！”这样命令、责备的口吻只会让孩子紧张，不断出错，反而更慢了。

所以，我们一定要记住，尊重儿童发展规律，按孩子的年龄和认知要求孩子，不批评、不呵斥，充分尊重孩子，和孩子一块儿面对问题、解决问题。不要用我们的眼光看待孩子的问题，要知道，孩子面对的很多问题是他们人生中第一次遇到的问题。

1.6　培养孩子终身学习的理念

养育孩子的最终目的是让孩子能自立于世。当今世界瞬息万变，没有一成不变的职业，也没有一成不变的知识。最好的办法就是培养孩子树立终身学习的理念，制订终身学习的计划。

人们常说：三岁看大。从孩子三岁时的教养大致可以看出父母对孩子的养育，推测孩子未来的发展。对于孩子来说，12 岁之前，父母的教育效果最好。之后随着孩子年龄的增长，影响越来越小。那么，如何使孩子在父母的教育影响越来越小的情况下，保持自我的良性发展呢？那就是培养孩子的内驱力，树立终身学习的理念，进而有目的地规划自己的终身学习。

小潘妈妈和小潘就是这样成功的例子。

自从小学高年级开始，小潘妈妈对小潘的学习就不再亲力亲为，而是放手让小潘自己计划、完成、反思。并且在这个过程中，小潘妈妈以自己的实际行动，向小潘展示了学到老活到老、终身学习的理念和方法。当然，小潘妈妈并非完全不管，而是不停地学习，搜集最新资料，了解小潘学习动态，适时地提出合理的建议，或者在小潘遇到问题时给予帮助。

小潘在妈妈的教育引导下，不仅取得了优异的学业成绩，而且学会了如何自主获取知识。同时，在妈妈的言传身教下，小潘真正懂得了不管处于何种年龄，人都要不断地接受新知识。随着年龄不断增长的，不仅是头上的白发和脸上的皱纹，更重要的是人的见识。

生命不息，学习不止。

1.7 学会获取育儿知识

现在的时代是最容易获取知识的时代，只要你想，就能搜索到你所需要的所有教育知识。

有一种家长，总是不停地逮着别人问怎么办，为什么，但是每个孩子都是不一样的，同样的事情发生在不同人身上，因为不同的时间、地点，人的不同性格、情绪、年龄、性别等，处理方式也是完全不一样的，更何况哪个人每天不遇见几件事情？教育孩子岂是几句话或者几件事能够说清楚的？凡是渴望别人能给出全部答案、想一劳永逸解决问题的家长，都是从没认真考虑过怎样教育孩子的家长。

教育孩子是非常私人的事情，自己能搜索到的育儿知识，就不要轻易去问别人。那么，如何去获得这些优质的育儿知识呢？

第一，和优秀的人在一起。“物以类聚，人以群分。”当你通过媒体链接到优秀的人，你会发现，你很快能链接到很多优秀的人。他们的观点和实践不断地影响着你，你不知不觉地发生了变化，也就是“近朱者赤”。互联网得以让我们便利地近距离接触许多有趣的灵魂。

第二，少刷没有营养的短视频。除了无聊打发时间外，无营养的短视频尽量少接触，因为它会不停地推送新内容，很容易让人停不下来，玩物丧志。

第三，关注一些知识类的媒体，有意搜索育儿方面的知识，有目的地阅读、搜索、比较。

第四，学会如何选择优质书籍。

第五，学会抓关键字的搜索方法。

第六，关注国家教育政策的变化。

还是拿小潘妈妈来说吧。

小潘妈妈毕业于重点大学，小潘上小学的时候，小潘妈妈选择了当全职妈妈。

小潘妈妈对小潘的教育有清晰的规划，先是最好的小学和家庭教育，接着是重点中学和一流大学。

为了这个规划，小潘妈妈从来不看浪费时间的无聊短视频，仅选择叶圣陶、苏霍姆林斯基等最源头的教育著作，并反复研读。在网络上，她选择和优秀的人、社群交流，吸取育儿方面的知识，关注国家教育政策，了解当地教育政策变化、升学现状，为小潘六年的小学成长做了详细的规划。得益于小潘妈妈丰富的教育知识和详细合理的规划，小潘在小学阶段各方面都发展得很好。

可见，孩子的成长离不开家长的教导，离不开家长获取育儿知识的自我学习。

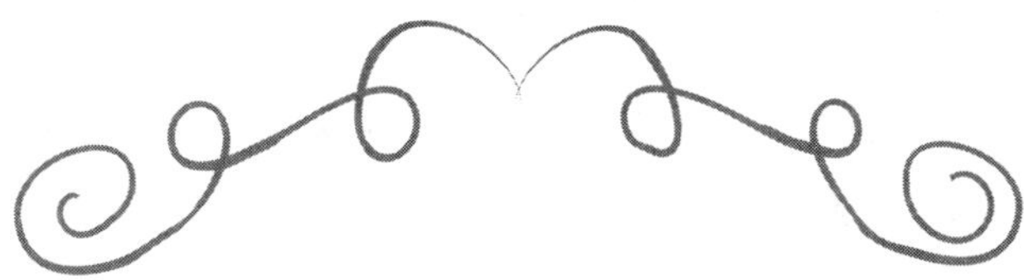

第2章
陪伴孩子是一种能力

陪伴孩子，需要父母了解孩子，关注与了解孩子最需要什么，懂得陪伴孩子的艺术，知道如何处理孩子出现的问题，愿意全身心陪伴孩子，并具有强大的执行力。

2.1 把孩子身体健康放在第一位

> **身体健康是 1，其他都是 0，只有拥有了强健的身体，后边的 0 越多，才越能增值。**

如果时光倒流，我对乐乐的第一要求不再是阅读、学习，而是锻炼身体，保持身体健康。

乐乐小时候，我还年轻，一心扑在工作上，每天高强度的工作使得我精疲力尽，回到家就只想好好地休息。对孩子的“纠缠”，我实在无太多的力气应付，于是常常带着乐乐看书。

长时间这样，再加上白天乐乐又是跟着奶奶，根本没有足够的运动量，因此乐乐一直有些瘦弱，还不爱运动，更是经常感冒，常常去医院。我总以为，这是因为孩子年龄小，抵抗力低，只要孩子长大了，身体自然就强壮了。

可是，直到乐乐上一年级，当他和同班同学站在一块儿，明显很瘦弱。到了冬天，乐乐还是时不时地感冒。有时候，一请假就要耽误好几天。我这才意识到，孩子的身体真的太弱了。如果一直这样下去，不仅耽误孩子上课，还会影响孩子的身体发育和自信心的建立。

于是，虽然工作很忙，每天很累，但下班后，我都要带着乐乐到院子里的运动场地上玩一会儿：有的时候跑步，有的时候打乒乓球，有的时候跳绳，还有的时候和小朋友一块儿奔跑等。

没想到，原来我一直误以为乐乐不爱运动，其实是我们没有给他创造条件。现在我每天都带着他出去玩，他常常到处跑而不愿回来。

在所有运动项目中，乐乐最喜欢的就是跑步和跳绳，这些运动都不需要什么特殊的装备。更主要的是，孩子不仅锻炼了身体，还交到了朋友，性格也因此变得更开朗。

在运动过程中，乐乐认识了一个一年级的孩子。他长得非常壮实，比同龄人都高。据他妈妈讲，孩子每天下午都要出来打篮球、跑步，至少两个小时，还特别能吃，尤其喜欢喝奶、吃蛋和肉，运动完还不感觉累，接着就是看书和写作业，从来没有消化不良或者受凉感冒，这个孩子还是小学霸。

没有对比就没有伤害，看到身边这样好的榜样，谁不羡慕？

2.2　寻找孩子喜欢的运动

> 兴趣是最好的老师。培养孩子的运动习惯，家长要先清楚孩子喜欢什么运动。这个不妨多试一试，没有不喜欢运动的孩子，只有是不是适合孩子、孩子能不能长期坚持的运动。运动不仅能强健孩子的身体，还能在不知不觉中培养孩子的专注力，使其性格也变得更加开朗，能更加轻松地面对生活中的小挫折。

孩子到底喜不喜欢运动，喜欢什么运动，是不能武断地下结论的。很多时候，家长的懒散和贪图省事耽误了孩子。孩子表面上不喜欢运动，可能是对自己接触到的运动方式不感兴趣。

我接触过很多孩子，在我的记忆中，没有不喜欢运动的孩子。无一例外，他们只要听见到外边活动，都毫不掩饰内心的雀跃，许多情绪外露的孩子，还会忍不住为此欢呼。

曾经有一项权威调查显示，在所有校内课程中，体育课是最受孩子们欢迎的。

小学生正处于长身体的年龄，活泼好动，精力无穷，喜欢运动能带来很多好处。

我最后悔的事情是，一直到乐乐一年级时，才为乐乐寻找喜欢的运动。

虽然我知道孩子都喜欢运动，但因为自己总是忙于工作，懒得花费时间陪乐乐运动。于是，乐乐的大部分时间都是在自己看书、玩玩具、看视频中安静地度过，很少参与体育活动，给人的印象总是文文弱弱的。

事实上，开始时为了带乐乐运动，我们尝试了许多项目，比如羽毛球、篮球、足球、乒乓球、跑步、跳绳、街舞、游泳等。很多运动项目孩子都能玩上一段时间，即使有些运动项目因为受场地、人员的限制，一开始孩子不太喜欢，但在参与中也会逐渐找到其中的乐趣。培养喜欢的运动也是培养兴趣的过程，孩子不喜欢，可能是因为他没有发现这项运动的乐趣。

后来，通过不断地和小朋友参加各种比赛，玩各种运动游戏，乐乐在运动中明白好多道理，面对暂时的失利，他不再动不动就哭鼻子，一下子坚强多了。

所以，乐乐的事情，让我真正明白，孩子是不是爱运动，喜欢哪项运动，一定要让孩子多尝试，争取找到最适合孩子，孩子也最愿意坚持下去的运动。

当然，开始运动以后，最明显的变化是孩子性格变得开朗了，饭量也增大了。

乐乐以往比较挑食，小孩子最喜欢甜食，稍微吃些肉类，就容易消化不良。可是，自从开始运动后，乐乐变得无肉不欢，经常运动完后就喊饿，还要加餐。短短的一两个月，他的身体结实了不少。更可喜的是，因为运动，乐乐喜欢待在室外，到冬天的时候，也很少感冒。

因为经常运动，乐乐变得开朗了不少，不再一天到晚捧着书本，而且在看书的时候，比以往更加专注了。

2.3　坚定培育孩子的理想信念

> 教育孩子需要极大的耐心，真正做到尊重孩子、平等对待孩子，培养孩子的内驱力、注意力、学习力。所以，父母不仅要具备开阔的眼界，做孩子成长的引路人，还一定要具备把孩子教育好的理想信念和坚决的执行力。

2.3.1　陪伴孩子要身体力行

> 养育孩子是一项旷日持久的工程，任何人都不能代替父母的教育。父母在陪伴孩子的过程中，要真正地全身心参与，才能想孩子之所想，做孩子之所做。

研究表明，在孩子的成长过程中，尤其是童年时期，最容易培养孩子和父母的融洽感情，儿童最容易接受父母的建议，这是父母以后教育孩子的资本。

在孩子参与学校教育的过程中，父母对孩子影响深刻的教育阶段主要在儿童时期。所以在小学阶段，父母要注意，在陪伴孩子的教育过程中一定要身体力行。

我非常赞同，无论任何时候父母都要把孩子带在身边教育。很多家庭存在亲自带孩子困难的问题，或者有少部分父母为了不耽误自己的事情，让爷爷奶奶接管孩子。

小鹏的妈妈很后悔。一直到三年级，小鹏都相当优秀，可在四年级的时候，小鹏的爸爸妈妈闹离婚，天天吵。只要爸爸妈妈一吵架，小鹏就很难过，把自己独自关在房间里。

小鹏曾哭着恳求爸爸妈妈，不要再吵了，可是爸爸妈妈根本就停不下来。这样的日子，整整持续了几个月，小鹏的学习也荒废了几个月。

终于小鹏的爸爸妈妈消停了，孩子也开始有了笑容，妈妈又重新开始和小鹏一块学习。

父母陪伴孩子，不仅是陪伴孩子学习，还要为孩子创造和睦的家庭氛围，控制自己的情绪，真正做到公平、公正地和孩子相处。父母要尊重孩子，做孩子的好榜样，积极努力地学习，乐观地对待生活。言出必行，行之必果。父母要求孩子做到的，自己要先做到。

尤其是刚入学的孩子，父母一定要陪伴他顺利度过刚入学时的不适应阶段。一年级学生开学时面临着拼音关、书写关、生活卫生关等，父母要及时和孩子互动；发现孩子有不良情绪，如因与同学间的小矛盾而不高兴，因考不好而沮丧，因竞争班干部失败而失落等，要及时沟通。任何时候，父母都要把养育孩子放在首位。

2.3.2 陪伴孩子追求高质量

全心全意地陪伴孩子，认真倾听，平等互动，尊重孩子，培养孩子的内驱力、注意力、学习力，做高质量的父母。

一般来说，家长陪伴孩子有四种比较典型的方式。

第一种是扔给孩子手机或 iPad，或者让孩子看电视，自己在旁边刷手机，或者打麻将、吃喝玩乐。这种行为与其说是陪伴，不如说是顺带看孩子，是最不负责任的一种表现。

乐乐曾经很不高兴地告诉我一件事：

有一次，奶奶把乐乐接回老家玩，结果带着乐乐到了外面，自己和熟人聊了一下午，乐乐百无聊赖，对外面也不熟悉，陪着她们闷坐了一下午。从此乐乐很抗拒独自回老家。

孩子并非什么都不懂，任何时候都不要把孩子的感受放在自己的感受之后，不管是陪伴玩耍还是陪伴学习。

第二种是家长时刻盯紧孩子。孩子写错一道题、一个字，都要紧张地吼上一嗓子，然后絮絮叨叨，逼迫孩子纠正。

我原来所住家属院的院子里，有个孩子在写作业时，妈妈一直坐在旁边“虎视眈眈”。孩子如果写错了，妈妈就啪啪地在孩子后背上打几下，恨铁不成钢地说：“这都能错，心跑哪里去了？”孩子惊慌地眨着眼睛，委屈极了。

我不明白这位妈妈为什么非得在孩子专心致志地写作业的时候，又是打又是骂，不能等到孩子写完再鼓励孩子检查吗？

第三种是家长间歇式发作管理。这种家长非常多，没有系统的管理方法，也没有长期的计划。

“写作业啦！”家长吼上一嗓子，就做自己的事去了。等到过了半天想起来，跑过去再吼一顿：“作业还没写完！就写这样！重写！写不完不要睡觉！”

看，多省事，孩子就像是机器，家长怎么安排就怎么做。真的是这样吗？若孩子没有养成好的习惯，那么孩子随着年龄的增长，胆量渐渐变大，家长的这一招越来越不管用，孩子对妈妈的吼叫也会越来越不在乎。

第四种是最理想的陪伴方式，即家长陪伴孩子，激发孩子的内驱力，然后家长逐渐放手，促使孩子自我管理。这种家长能全心全意陪伴孩子，关注孩子的学习、思想动向，和孩子互动，保持融洽的亲子关系。

可能有人会说，有些题我们也不会做。优秀的父母，并非亲自去教孩子所有的课本知识，而是在陪伴孩子的过程中，让孩子形成良好的学习习惯。当然，有能力的父母，自己先学一遍再教孩子，也未尝不可。

比如，小江的妈妈并没有什么文化，但能在陪伴孩子的过程中，和孩子一起进行学习规划，最终把孩子培养成了军官。

现在学生的学习资料种类非常多，家长要帮助孩子选择合适的学习资料，至少要弄清楚孩子每个年龄段最需要什么、我们能给孩子提供什么。请家长放下手机，和孩子一起学习成长，即使不能辅导孩子学习，也要让孩子学到你的坚韧和不断努力。

2.3.3 不因短视而折断孩子梦想的翅膀

> 孩子的成长，离不开父母的引导。父母眼界宽了，孩子的眼界才有可能拓宽；反之，孩子就有可能被折断梦想的翅膀。

据说有一种鹰，在悬崖上筑巢，当小鹰长出翅膀后，老鹰就会一次次地把小鹰扔下悬崖，而小鹰也就在一次次的挣扎中学会了飞翔。

“父母之爱子，则为之计深远。”这是《触龙说赵太后》中的一则故事。

赵太后刚刚掌权的时候，秦国来攻，赵国向齐国求救，齐国一定要长安君做人质，赵太后不舍。

触龙说，赵太后爱燕后胜过爱长安君，因为燕后远嫁，虽然赵太后非常思念，但每次祭祀的时候都要为燕后祈祷：“不要回来啊。”希望将来燕后的子孙相继为王，这是为燕后的长远考虑呀。

赵太后说：“您说得对。”于是送长安君到齐国做人质。

真正爱孩子的父母，都会为孩子尽早做打算，让孩子掌握本领，真正拥有翱翔的翅膀。然而，有些父母却例外。

小侯真的是我见过的为数不多的高智商孩子。可是，在六年级本该整装待发的关键时刻，孩子却掉了链子。原因很简单，孩子家里是拆迁户，加上家底殷实，孩子的爸爸妈妈很是“开明”地和孩子交底：“我们就你一个孩子，你这辈子不愁吃不愁穿，将来成个家，我们的任务就完成了。你呢，不要累着，吃好玩好，平平安安就好了。”

当看到孩子在作文中表达出这样的意思后，我简直难以相信。这个年龄的孩子，三观还没有形成，父母居然为孩子灌输这样的想法。

好在小侯的父母很乐于接受别人的意见，很快就转变了想法。

还有一类父母，自己没什么文化，可赶上了时代发展的红利，觉得现在大学生那么多，都找不到工作，学习差不多就行了。岂不知，就是因为自己的短视，断送了孩子上进的机会。

孩子能懂什么？他们最信任的父母都这么说了，还有什么奋斗的动力？于是，小侯也不认真地听课了，什么都变得无所谓了。小侯的爸爸妈妈，受限于见识，有意无意地对孩子进行引导，差点儿让小侯彻底失去了前进的动力。

小繁的父母工作很忙，对孩子的学习也不上心，一副什么事都有我们撑着的态度。不管孩子为什么不做作业，小繁的妈妈都认为孩子没有错。在妈妈的“保护”下，小繁越来越肆无忌惮：迟到了，是因为家里有事；作业没写，是因为不会；旷课了，是因为生病了……

小繁妈妈无休止地溺爱孩子，恨不得把小繁放在温室里，不让他经历一点风雨，生生把小繁养成了温室中肆意生长的植株。

人类的悲剧各不相同，但喜剧都是皆大欢喜的结局。燕子的经历真正体现了弱者变强、不断逆袭的精神。而这离不开燕子妈妈的不懈坚持。

燕子出生在一个再普通不过的家庭，全家长辈最高学历是初中毕业，除了妈妈，没有人支持燕子多读书。妈妈虽然文化水平低，却很有远见，硬是顶着全家的压力，一直鼓励孩子通过学习发展自己。现在，燕子已经是名校在读博士，成了全家的骄傲。

人们常说，心有多宽，路就有多远。只有想不到的，没有做不到的。连动物都明白，爱孩子就要教给它生存的本领。古人更是留下千古名篇警示后人。我们为人父母，有什么理由折断孩子梦想的翅膀呢？

2.4 一定要有强大的执行力

> 教育孩子的问题，并非一日积攒的问题，就如患病很久的身体，即使遇到良医，也是病去如抽丝。所以，家长平时教育孩子就要有强大的执行力，绝不能松懈。
>
> 我观察过许多家长，在孩子成长过程中，他们不是没有能力教育孩子，也不是发现不了孩子存在的问题，而是他们解决问题的一个共同方式就是不停地问为什么，以此来缓解心理上暂时的焦虑。为什么说是暂时的焦虑呢？因为这些人有一个共同的特点，只在孩子学业出现重大问题或犯严重错误的时候才会着急，总是试图找出一剂灵丹妙药来快速解决问题。可是，教育孩子非一日之功，哪有那么简单。

2.4.1 停止抱怨，立刻行动

> 我们常说，无论做什么事情，只要开始，就成功了一半。教育孩子也一样，只有真正停止抱怨，认真去做，哪怕中间犯了错误，只要改正，就比永远停在抱怨阶段要好得多。

每次家长会后，几乎所有的老师都会遇到同样的问题，被个别家长缠着不停地问："老师，你说该怎么办呀？孩子的爷爷（或奶奶或其他亲人）管着，我们很忙啊，这孩子就是不听话啊，我真的没时间管他……"

不要以为这些家长都是因为文化水平低，才没有能力管好孩子。其中有很多家长，有很好的工作、不菲的薪水、良好的家庭条件，但是他们有一个共同之处——忙碌。家中有很好的后勤保障，所以他们没有后顾之忧。在外所向披靡，自己能带给孩子的就是偶尔一起出去游玩、吃大餐，或提供给孩子高级用品。即便其他家庭成员将孩子照顾得再好，都不可避免地遇到相似的问题：孩子上学后越来越不服管教，学习热情越来越低。

这类家长在孩子的成长中，很少与孩子有情感交流，更不要说具有教育的执行力了。我们要知道，任何人（包括爷爷奶奶）都代替不了父母。所以，认为孩子完全可以交给他人教育管理的家长，就不要谈教育的执行力了，无论对自己还是对教育者。

还有一类，一般是全职妈妈家庭。传统思想认为，全职妈妈是个好职业，天天待在家里，想干什么就干什么。可是，对于同时带两个甚至更多个孩子的妈妈来说，这绝不是简单的工作。

有一个妈妈，一人带两个孩子，既要接送大孩子上学、督促其学习，还要照顾小孩子，简直处于精神崩溃的边缘。和闺密打电话的时候，喋喋不休，说的全是自己过得如何困难、孩子怎么难带之类的话。在这样的精神状态下，如何会有强大的执行力？

写到这里，我突然想到一个有意思的例子。

有一位妈妈，无论做什么家务都是一件一件地做，比如做简单的面条，要先把菜洗好切好，再看着火，把水烧开，也就是在同一时间只做一件事。你可能觉得这位妈妈很笨，不，她不仅是名牌大学毕业，还是所在单位的领导，但就是没办法搞定做饭。

可能有一部分人确实很优秀，但总是不能把自己的精力有效地分配在教育孩子上，更谈不上形成强大的执行力。每到这时，我的脑海中常常冒出四个字：统筹安排。这是我曾经在大学家属院遇到的一位老先生回答夫人的话："你自己统筹安排吧。"这给我留下了深刻的印象，父母为什么不能统筹安排自己和孩子的事情呢？若实在太忙，把一些杂事交给家政保姆也可以，为什么一定要放弃孩子呢？而且还是在孩子最需要你的年龄。

那些高知家长，绝不会不懂得统筹安排的道理，只是在生活中，永远把孩子的事情排在自己的事情之后。从这个角度来说，他们真的是没有做好准备的父母，是自私的父母。

事实上，父母如果没有强大的执行力，孩子也很难有强大的执行力。

有这样一个孩子，英语水平很差，从来不愿意静下心来好好地读书，总是逮着老师不停地追问："怎么样能很快地背会单词？""怎么样能快速提高成绩？"

岂不知，最好的方法就是老老实实地读书、背书。这样的孩子，和不停地向老师求教怎么管教孩子的家长，又有什么区别？道理都懂，只不过是缺乏强大的执行力罢了。

有一次，同事在上班时间接到了弟媳的电话，整整一个多小时，弟媳都在电话里抱怨孩子，比如不好好写作业，上课说话，不遵守纪律，在家里上蹿下跳，总之都是孩子的错。同事不停地反问：“孩子这样，你做了什么？”结果弟媳完全无视同事的反问，继续数落自己孩子的不是。

你永远叫不醒一个装睡的人，同事弟媳大概就是这样的人。她完全知道孩子存在什么问题，也知道孩子需要陪伴和教育，但是这些恰恰是她不愿付出的，所以就妄图用不停地向别人倾诉来解决问题。或者，她很明白倾诉解决不了问题，但可以减轻自己的心理负担。

可能有人说这是家长缺乏育儿知识的缘故。其实不然，良好的家庭教育是成才的关键。

孩子之所以执行力不强，要么是家长完全没有认识到教育的重要性，要么是对孩子没有足够的爱。

曾经有一段时间，“知识无用论”喊得很响亮。有一部分人认为，若大学毕业找不到工作，则说明读书是一种浪费的投资。而持这种观点的人恰恰是低学历的人，因为他们没有体会过学习带来的能力提升、眼界开阔、持续的学习能力，自然而然地认为学习是没用的，他们所谓的有用或没用就是看能不能快速地变现。要和这类人讲清楚道理，实在是不太可能。

对孩子没有足够的爱的人，自己内心一定是不承认的。他们可以给孩子昂贵的礼物、巨额的消费，但是在面对自己的需要和孩子的需要时，放弃了孩子。

周周的家庭就是这种情况。周周两岁的时候，母亲去世，父亲再婚，周周跟着爷爷奶奶生活。五年级的时候，周周的问题已经非常明显，经常逃学旷课、彻夜不归。爷爷奶奶年迈，无力管教，爸爸只能和周周每周末见一次面。爸爸虽然每次都从经济上尽力满足周周，可是周周没有一点儿改变。周周的爸爸不停地向老师抱怨，可是他既不能平衡新的家庭，接纳周周，又没有足够的时间管周周的事情。

在这里，我没有权利批评周周的爸爸，这真是个两难的选择。可是，在他当初成立新的家庭，放弃周周和自己生活的机会时，在自己和孩子之间，他已经做出了选择。今天的结果，也就不足为奇了。

孩子最需要我们的时候也就是作为儿童的这几年，我们有什么理由不重视呢？难道真要等到老年的时候才去后悔吗？

2.4.2　孩子犯错误按规矩执行

> "无规矩不成方圆"，小学生犯错误的时候，一定要按规矩执行。如果家长没有底线，孩子会越来越难管教，甚至根本不听家长的话。孩子长大之后，家长再想好好管教，往往非常困难。

孩子越小，越容易形成规矩。俗话说"三岁看大"，也就是指三岁的孩子要有规矩。如果规矩不好，孩子将来不太可能成才。

小学六年仍然是习惯养成的重要阶段。如果在这个阶段，家长还不能好好引导孩子的话，以后孩子很可能也不再会听家长的话了。

媒体曾经报道过以下案例：

1. 一个大约四年级的孩子，因为和妈妈意见不合，疯狂地厮打妈妈，而妈妈只是无措地躲避。

2. 一个小女孩生气地打妈妈，妈妈一脚踢回去，网络一片叫好。

3. 一个小男孩犯错误，父母把他送到派出所，引起网络大讨论（未成年人，也未犯法，显然父母的做法是不恰当的）。

上述几个案例中父母的做法都不恰当，他们既没有正确的方法，也没让孩子形成规矩。

面对小朱的不服管教，小朱妈妈的操作可谓真不容易。

小朱妈妈在小朱的哥哥夭折后，才有了小朱，所以小朱是被娇惯着长大的。一直到三年级，小朱都是想干什么就干什么，肆意妄为，沾染了小偷小摸的恶习（只是觉得好玩，其实家里条件非常好），随意欺负低年级的孩子；学习上更不用说，他故意和老师捣乱，趁老师不在，在讲台上又蹦又跳，随意乱撞同学的课桌，看到别人生气就哈哈大笑……

真正让小朱妈妈改变的是一件事：有一次，妈妈只是说让他不要欺负别的孩子，两人争吵了几句，小朱竟然独自离家三四天。

小朱回来后，小朱妈妈开始了伴读生活。一开始，小朱妈妈没有提太多的要求，只是严格按照学校时间接送，要求小朱放学后必须回家。接着，每天带着小朱向被他欺负的孩子道歉，或者妈妈到班上默默地修理被他踩坏、摔坏的桌椅。妈妈没有过多的批评、指责，只是默默地陪伴和坚持，过了一段时间，小朱慢慢不再随意欺负同学。妈妈和老师都表扬了小朱，小朱竟然安分了不少。

纪律慢慢好起来了，妈妈和老师商量后，老师给了小朱一个新的职务：收作业干事。大概是从来没有被这样重用过，小朱兴奋了好几天。

可是，收作业并不是一件容易的事，经常有同学怼小朱：“你的作业写了？”小朱因此退却了。

可是，架不住妈妈、老师一个劲地夸奖："你一定能做好，不就是作业吗？"小朱只好硬着头皮上，每天按时完成作业，再催收作业也有了底气。

小朱最终变得很优秀，可是毕竟习惯养成得晚了，三年级时小朱下了好大功夫。所以，家长教育孩子最好按规矩来，越早越好。少时的放纵只会带来越来越多的教育问题。

2.4.3 和孩子一起接受惩罚

孩子犯了错误，如果父母能有同理心，会真正触动孩子内心的柔软，使孩子更乐于接受父母的教育。

孩子的行为在一定程度上折射出父母的影子，或者有些坏习惯与父母的睁一只眼闭一只眼的默许有关。很多时候，发生在孩子身上的看似无关痛痒的事情，有可能会让孩子形成坏的习惯，等到家长意识到的时候已经晚了。

曾经有一件造成很大轰动的事情，一位公安人员的孩子小时候由亲戚带大，养成了小偷小摸的坏习惯。后来，孩子参与了一次大型抢劫，因此被判无期徒刑。当然，这是极端的个例。

千里之堤，毁于蚁穴。儿童教育也是一样。

我们知道，学校安全防范做得很好，任何时候闲杂人员都不得入内。但是我们万万没想到，六年级下学期的一天，我们会遭受经济损失，还是我们的学生所为。

一般来说，除了身体不适合运动的孩子，课间操都是师生全员参与，因为学校比较安全，所以我们从来不锁门。有一天，因为一位学生中途不舒服，班主任送学生上楼休息。哪知，正看到一个学生慌慌张张地跑回教室。当时老师只忙着照顾不舒服的学生，没好好询问。等到放学后，老师们交流，总感觉钱的数目不太对。

调取监控才发现，这孩子竟然连续一个多月，每次课间操时间都要到办公室溜达一圈，而他不做操开的证明是身体不舒服。

事实上，连续一个多月，他到底拿了多少钱，老师们心里也没底。当着家长的面，孩子主动承认，因为班主任的包经常在办公桌上放着，拿班主任的最多，一共两千多元，每次都是从中间抽点，其他老师总共五千多元。自己拿着这些钱买了手机、游戏机，还有一千多元在家里放着。

不知道家长到底粗心到什么程度，孩子新添了东西，自己竟然没发现。

不过，家长很诚恳地和孩子一起向老师赔礼道歉、赔偿损失（为孩子的名誉着想，没有公开），并且和孩子约定，犯错误也是家长的失职，家长会和孩子一起受罚，自愿和孩子每天到校门口做志愿者。

事情发生后，直到六年级毕业，家长和孩子做志愿者整整坚持了三个月，相信这次经历会给孩子留下深刻印象。

虽然现在都是扫码支付，不太可能再出现类似的事情，但是我们要注意，无论孩子犯什么错误，家长一定要先反省自己教育不到位的地方，和孩子一起接受惩罚，让孩子真正认识到，任何时候都要遵守规则。

2.4.4　支持孩子做执行官

真正把孩子当作家庭的一分子，接纳孩子，凡事和孩子一起商量，让孩子担任执行官，培养孩子的参与感、责任感、成就感、认同感，唤起孩子强大的自驱力。

在成年人的眼中，小孩子什么都不懂，凡事都需要家长的管理。这是一种不正确的认识，家长在内心中没有把孩子真正当成一个平等的个体来对待。如果我们真正把孩子放在与自己平等的地位上，尊重孩子的所思所想，支持孩子的正确行为，自觉做好保驾护航，孩子一定可以健康成长。

乔乔是一个非常优秀的女孩子，虽然才上三年级，但无论说话还是做事都显得非常成熟。乔乔品学兼优，还多次在绘画、舞蹈方面的比赛中获奖。

乔乔妈妈是怎么教育乔乔的呢？

从乔乔开始上学的每个学期开学之时，乔乔妈妈都要和乔乔做好本学期的计划，一条一条地写好。妈妈也要每天和乔乔一起学习，还订立了各种习惯规则。妈妈和乔乔每人轮流一周做执行官，谁执行得好就可以连任，如果在这期间做得不好了，剥夺一周做执行官的机会。

有一次外出，天气太热，乔乔和妈妈吃过冰激凌后，妈妈随手把盒子扔在了路边的垃圾桶上，没有好好地放进去，乔乔立即走过去，认真地把冰激凌盒子放进垃圾桶，随后对妈妈做出了红牌警告。

因为乔乔做了执行官，俨然成了家里的纪律委员，禁止爸爸在家里抽烟，不许大声喧哗，等等。爸爸妈妈看乔乔认真执行，心里很高兴，乔乔也高兴得不得了，干得更起劲儿了。

乔乔妈妈没有用什么奇妙的招数，只是放手让乔乔参与其中，结果孩子的参与感、责任感、成就感、认同感就大大提高了，增强了主人翁意识，唤起了强大的内驱力。

2.5 面对突发问题，三分钟控制情绪

孩子是弱者，作为父母，一定要以极大的耐心、爱心陪伴孩子成长。如果孩子在宽容和友爱的环境中成长，耳濡目染父母与他人相处的方式，则会心态平和，健康成长；反之，如果孩子整天处于被人恐吓、挑剔、唠叨的状态中，则会愤懑、不满、胆小、怕事。为了孩子的健康成长，我们一定要平和地面对孩子，哪怕面对孩子闯下的祸，我们的情绪已经极度糟糕，也一定要先冷静，再处理，绝不能给孩子带来二次伤害。

孩子一年级的时候，我和友人带孩子外出。在宾馆安顿下来之后，我独自陪两个孩子外出买小吃，出发前，我反复交代，我们三个人不能分散开。回宾馆的路上，两个孩子突然挣脱我的手，撒腿就跑。不管我怎么喊，他们还是不管不顾地往前跑，转眼就跑进了电梯，等我跑过去，电梯已经直达十一楼。

我当时就惊出一身冷汗，我们可是住在六楼啊！我赶紧给友人打电话，让他去十一楼接孩子。幸运的是，孩子很快回到了六楼，他们两个说，电梯里有人先到十一楼。

虽然是虚惊一场，可当时，我真的是又惊又怕，孩子如果走错房间或遇到坏人怎么办？

当时，我的第一反应是拉着孩子狠狠打上一顿，但是理智告诉我不能这样做。第一，事情已经发生了，打孩子于事无补，只会让孩子对我产生怨恨、恐惧，破坏我们的亲子关系；第二，打一顿之后，孩子还是不能完全意识到自己错在哪里，今后再遇到这类事情怎么办？第三，我自己也没有看好孩子。我完全能理解孩子，尽管出发之前我交代过了，但可能转一圈之后，他们已经忘记了。

我缓了好一会儿，等情绪平静了，先向孩子检讨自己没拉紧他们，再告诉他们，出门在外，人生地不熟，他们这样做很让家长担心，让他们想一想，如果真迷了路或者遇到坏人怎么办？年龄小、没力气、跑不快等这些都是不利因素。然后，我又和他们一起看地图、宾馆内的逃生路线图，告诉他们遇到紧急情况该怎么求助。

事情已经发生便无可挽回，我们要做的就是力求把伤害降到最低。

我经常遇到脾气暴躁的家长，不管平时怎么娇惯孩子，只要脾气上来，拉着孩子就是一顿打。小波爸爸就是这样。

有一次，小波没有完成作业，小波爸爸回家一看，拉着他就给一顿耳光。偏偏小波妈妈极其护短，于是，小波趁爸爸妈妈厮打的时候拔腿就跑，一夜都没敢回家。第二天，小波直接去了学校。爸爸妈妈平静下来，找了他一夜也不见人影。后来才知道，小波竟然在隔壁小区的一辆车底下睡了一夜。

不知道小波的父母当时心里是什么滋味。如果当时他们能控制住脾气，督促孩子认真做作业，就不会发生这样的事情，良言一句三冬暖。面对孩子，你态度温和，他也不可能直接对你恶言恶语。

非常可悲的是，即使经过这件事，小波的父母依然没有醒悟，他们一如既往，一个暴躁严厉，另一个极其护短。结果有一次，小波爸爸打小波的时候，小波还手了（现在的孩子普遍发育得较早，到六年级小波的个子已经很高了）。

当然，像这种极端的例子很少。但我们一定要认识到，发脾气、恐吓是最无能的教育方式。它会影响孩子的心理健康。同时，随着孩子年龄的增长，这样的教育方式越来越不管用，还会极大地影响亲子关系、家庭和睦。更坏的影响是，孩子可能有样学样。

2.6 一定不能讲给孩子的话

> 对孩子杀伤力最大的话："我不要你了！""我不管你了！""你真笨！这你也不会？！""闭嘴！你看别人家的孩子！"

有一句比较流行的话："有人用一生治愈童年。"

家庭教育中，最不为人关注的就是家庭语言暴力。孩子在家庭教育中处于弱势地位，家长一定要真正尊重孩子，平等地对待孩子。事实上，无论家庭贫富，无论父母从事什么职业，都很难做到真正的没有家庭语言暴力。

网络上有一个段子：父母在辅导孩子做作业时，因大发雷霆而血压升高，其根本原因就是没有把孩子放在和自己平等的地位来换位思考问题。

一般来说，孩子一二年级时家长辅导作业时的声音最大，孩子三四年级时家长的声音渐渐低下去，孩子五六年级时家长更少发声，孩子到中学之后家长基本就不出声了。不是家长越来越谦虚了，而是家长越来越不会了，失去了大声吼叫的底气。

可是，面对辅导孩子作业的问题，家长完全没有想到自己当初是多么为难。

小勇就是遭遇家庭语言暴力的一个典型的例子。

小勇上学了，每次遇到不会做的题，妈妈总是用手指戳着小勇的头，狠狠地说："你真笨，这都不会？！整天怎么听课的！"顺势再狠狠地打上几巴掌。

小勇每次都是怯怯地低下头，也不敢反驳。妈妈批评完小勇，不耐烦地告诉小勇怎么写，之后就不再管他。如果小勇反抗，或者说不太懂，妈妈张嘴就说："闭嘴，你看别人家的孩子！我不要你了！我不管你了！"

我只知道，小勇的学习成绩一塌糊涂，每天到校后就趴在桌子上睡觉，后来很早就退学了。不过，他后来在部队中参加培训学习，回来后变了好多。只是，他和妈妈的关系一直很紧张。

2.7 积极评价孩子的具体行为

> 孩子的许多行为，如果以成年人的准则来评价，很可能会因此毁掉一个孩子。我们必须抽丝剥茧，看到行为背后所隐藏的问题。

如何给孩子做评价？

有这样一个孩子：

能唱会跳，言谈爽利，却怎么也学不会读"电"的拼音。看着拼音就会读成"蛋"，单独看着字，又标准地读成"电"。

原来，这个孩子第一次读"diàn"时，不小心读成了"蛋"，引得同学们哄堂大笑，她的自尊心受到了打击。后来，一看到这个拼音，就条件反射地读成“蛋”。

她的老师很聪明，之后再也没在公开场合让这孩子读过这个拼音，还再三和孩子妈妈交代，要装作不知道孩子有这方面的错误，不提醒、不纠正。在家里做亲子阅读时，家长有意识地读正确字音，不强迫孩子去读，给孩子时间缓冲。其实就算一直都读不正确，又怎么样呢？这一点儿都不是问题。

这样的问题并不少见。

记得我孩子刚识字时，有一次兴致勃勃地说：“打了个‘腊’手不及。”我听了，没有当场纠正，只是在接下来和孩子一块儿读书时，有意地读到这个字。几次之后，孩子自然而然地就接受了，这样孩子也不会感到一点儿难堪。

还有的时候，孩子拿别人的东西，可能他就是单纯地喜欢，这时一定不要简单地把偷或者其他定义放在孩子身上。

任何人和孩子交流都要尽量做到平等、不伤害，少一些指责、批评，不要气急败坏，多一些正确示范和引导。这样孩子在耳濡目染之下就学会了，而且会觉得轻松有趣得多。

2.8 每天必须和孩子交流的三个问题

> 每天必须和孩子交流的三个问题：“你今天有什么高兴的事情吗？”“你今天有什么不高兴的事情吗？”“你有什么需要爸爸妈妈帮助解决的事情吗？”

琳琳妈妈出差了，每天和琳琳视频的时候，发现琳琳总是不太高兴。琳琳妈妈要出差两周，这两周是爸爸接送琳琳。爸爸说，琳琳放学看到他，总是叽叽喳喳地和他说很多，自己也是很高兴地和她交谈，可是琳琳一直觉得少了点儿什么，总是有点儿不高兴。

爸爸实在搞不明白，开始以为是妈妈不在家的缘故，琳琳想妈妈了才不高兴。可是，只要妈妈和琳琳聊过之后，琳琳总是很快就高兴起来。

于是，琳琳再和妈妈视频的时候，爸爸就刻意听听妈妈到底和琳琳聊些什么。仔细听了两三次，琳琳爸爸发现，琳琳和妈妈交流的内容和与自己说的基本一样，只不过，妈妈会有意问琳琳几个问题：

比如琳琳和妈妈视频的时候，琳琳高兴地和妈妈讲述着今天自己在学校作业受到老师表扬的事情，妈妈立刻问琳琳：

“宝贝，你今天作业做得真棒，妈妈很高兴，还有什么高兴的事？告诉妈妈，让妈妈也高兴高兴。”

于是，琳琳又开始讲述自己高兴的事情。

当琳琳讲到小朋友把自己的课本撕烂的时候，妈妈又立即表示同情，给琳琳出谋划策，关心地问，课本是不是用胶粘好了？两个小朋友怎么解决问题的？要不要帮忙？

妈妈问完之后，琳琳迫不及待地告诉妈妈：

“我们当时就解决了，这又不是什么大事，告诉你，只不过是心里有点儿不舒服，可小朋友又不是故意的，还给我道歉了，我们两个已经把书粘好了。”

“琳琳，这件事情，你和小朋友处理得很好，心里的不痛快说出来，是不是好多了？以后有什么不高兴的事，还告诉妈妈，我们一块儿解决。”琳琳妈妈说。

视频结束后，琳琳又变得高高兴兴了，琳琳爸爸总算明白了其中的诀窍。琳琳妈妈临走时一再交代，接到孩子后，孩子说什么，一定要注意倾听孩子，注意孩子的情绪变化。爸爸觉得琳琳讲的都是小孩子之间的小打小闹，就没有当回事，没想到却惹得琳琳不高兴了。

孩子的观察力是最敏锐的。琳琳在把事情说给爸爸听的时候，已经有了小小的不愉快，觉得爸爸根本没有认真听，冷落了自己。于是，每天的不开心累积得越来越多，还好爸爸及时发现了问题。

2.9 每天抓住黄金时期倾听孩子的情绪表达

> 抓住孩子倾诉的黄金时期，认真倾听孩子的喜怒哀乐、烦恼忧愁，能很快地了解孩子内心的想法，及时对孩子进行鼓励，或化解孩子的小烦恼，让孩子无忧成长。

对小学生来说，他们每天在学校接触新鲜的学习内容，和老师、同学开始人生社交，总会面对学业上的困惑、进步的喜悦、成功的激励、好朋友之间的纯真友谊、同学之间的小矛盾、老师的评价等。学校里每天都在上演着不同的小故事。

小小的孩子，迫切需要和父母分享。如果父母能在见到孩子的第一时间认真倾听，远比自己开口询问孩子，打断孩子兴致勃勃的分享要更好。

我最早注意到这种情况，是在乐乐上幼儿园的时候。每次接到乐乐，乐乐都兴奋地讲述自己一天中记忆最深刻的事情，这时候，我总是认真地倾听、附和，偶尔提些小问题，孩子在兴头上，毫不掩饰细枝末节，每次都能回忆一天中的好多事情。

后来，在和家长聊天的时候，我们共同的感慨就是，孩子最兴奋、最好沟通的时候就是在一天的分离后，和家长初见的时刻。因为孩子需要和父母分享他的喜怒哀乐、烦恼忧愁。

由于这个发现，我有意观察小学生是不是和幼儿园的小朋友有一样的需求。

经过大量的观察和求证，事实上，小学生在这方面和幼儿园的小朋友区别不大，尤其是一二年级的学生。当然，随着年龄的增长、年级的增高，孩子会更加内敛，不会像低年级的小朋友那样，还事无巨细地讲给妈妈听。

一般来说，孩子见到父母的兴奋期，就在刚刚见面的一段时间内。如果父母比较随和，不是一开口就责备孩子的话，孩子很愿意和父母分享。据我的经验，在回家的路上倾诉孩子是最好的。

乐乐上小学的时候，一般在路上，都是乐乐说，我听。如果哪天我先提到了学习或其他事情，他很快会沉默，那么一般来说，这一方面的交流也就结束了。

2.10　具备因材施教的能力

> 孩子的反常行为是一种沉默的反抗机制，如果家长找不到原因，孩子很容易走极端。

你叫什么名字？

儿童作家王钢到学校讲座，到了互动环节，王钢邀请学生上台：小强积极地举手，兴奋地跑到台上。

“请问，你叫什么名字？”王钢问。

小强飞快地回答：“你叫什么名字？”

“这位同学，刚才你可能没听清我的问题，我再说一遍。”王钢放慢了语速。

“你叫什么名字？”小强丝毫没有迟疑。

下边已经有同学开始唏嘘。

“同学，不要紧张，慢慢来，请问你叫什么名字？”王钢仍然试图让小强正常回答。

“你叫什么名字？”小强仍然立刻坚定地回答。他看着王钢甚至没有眨一下眼。

王钢无奈，只好说：“同学，我们等会儿单独交流。”

……

台下有同学在唏嘘，老师们则觉得很丢脸。

为什么仅过了一个暑假，小强就变得油盐不进，一天到晚无论别人说什么，他就回什么？

起因源于放暑假时，小强特别想回老家，可是爸爸觉得假期正是努力学习、实现弯道超车的好时机，于是让他在家学习。小强没办法，就消极抵抗，爸爸忍无可忍，狠狠揍了他一顿。

小强不愿意，因此学习效果一点儿也不好。爸爸看到小强的状态，干脆放狠话：“不好好学习，就什么都不要想。”谁知，小强竟然回了一句：“不想就不想。”爸爸气得不得了，没再搭理小强。谁知，从此小强就变成了这个样子，无论别人问什么，他都复述。

小强的爸爸很后悔，他知道自己做得很不妥，没有尊重小强的意愿。甚至在小强反抗的时候，简单粗暴地置之不理，给小强造成了严重的心理伤害。他选择这样做，内心一定存在强烈的反抗情绪。在这样的情形下，为了孩子的健康成长，爸爸暂不考虑学习问题了。

通过向多方征求意见，爸爸向小强道歉了，承诺以后无论做什么都一定会征求小强的意见。小强没有出声，只是翻了翻眼皮。

后来，爸爸又抽时间专门陪小强回了几次老家。这期间，爸爸没有提学习，只是挑一些轻松的话题问小强，但是小强仍然很少主动和爸爸交流。

当孩子真正受到伤害，就注定要经历一个漫长的治愈过程。不同的孩子反应不一样，家长一定要好好从内心尊重、善待自己的孩子。心与心之间一旦有了距离，是很难修复的。

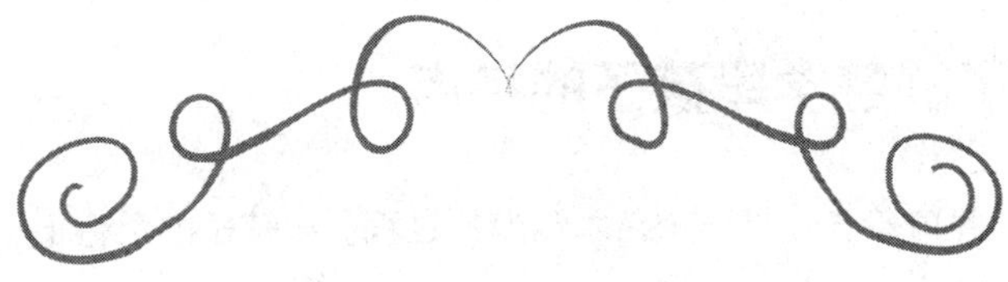

第3章 了解6～12岁孩子的身心发展特点

孩子是不断发展的个体，在不同的年龄段里会显示出不同的心理与行为特征。家长要了解孩子的身心发展特点，用科学的养育方式来对待孩子，才能让孩子配合父母的教育，健康成长。反之，如果不讲究方式与方法，只凭经验或想当然地以大人的立场对待孩子，家长的教育可能会毫无成效，甚至适得其反。

3.1 了解各学段孩子的特点

养育孩子，是一个艺术创造的过程。在孩子的配合下，父母才能创作出一幅有思想、有行动力的独一无二的作品。如果父母不了解孩子各年龄段的发展特点，只是师傅带徒弟式地教，以为可以凭借记忆中父母对自己的养育方式来对待孩子，那么创作出来的作品，只是一种技术上的传承，很难成为艺术品。

3.1.1 6 ~ 8 岁低年级孩子的特点

6 ~ 8 岁的孩子，一般是一二年级，处于小学低段。这一阶段孩子的共同特征是好奇心强、问题多，但一般都比较自我，喜欢关心与自己有关的问题。孩子的内心还没有完全建立规则，需要父母的协助。在这一阶段，我们需要耐心地陪伴孩子，认真地对待孩子提出的每一个问题。

"妈妈，妈妈，为什么要买这本书呀？"

"为什么是你来接我上学呀？"

"为什么天是蓝色的？"

"为什么要上学呀？"

"为什么平平说我长得不好看呀？"

…………

媛媛刚上一年级。妈妈发现，自从开始阅读以来，尤其是上学后，媛媛简直成了"行走的为什么"，不停地问每一个看到的、接触到的问题。有时候，特别是妈妈想休息的时候，媛媛还在围着她不停地问为什么，实在让妈妈感到厌烦。

媛媛的这种问题，在一二年级孩子中普遍存在，因为这个年龄的孩子普遍接触到更多外在的知识刺激，它们引发了孩子的思考。于是，孩子有很多困惑，需要父母给出答案，所以会不停地问为什么。

媛媛妈妈有时候虽然感到厌烦，也没有学过教育学、儿童心理学，但是想到自己想得到什么而得不到时的痛苦，就不忍心拒绝孩子。虽然无奈，但孩子既然喜欢提问题，一定是发现了问题。想得到答案是孩子的需要，于是媛媛妈妈总是打起十二分的精神，和孩子探讨。

媛媛妈妈的做法可谓无心插柳柳成荫，恰恰是教育学上家长的正确做法。孩子正处于探索外界、对知识敏感的时期，孩子发现问题，家长应及时回应。家长尊重了孩子的感情，孩子得到鼓励，才会更加有勇气进一步努力。

3.1.2　9～10岁中年级孩子的特点

9～10岁的孩子，一般是三四年级，处于小学中段。这一阶段的孩子已经完全适应学校生活，懂得遵守秩序，思想情感更加外放，毫不掩饰自己的情绪。不仅关心自己的问题，对能接触到的所有人、事都有强烈的好奇心，甚至有种打破砂锅问到底的精神，是最容易沟通的年龄阶段。孩子在情感方面也得到了很大发展，对学习、对事情的处理开始有自己的见解。这一阶段的孩子，我们需要特别注意，把孩子旺盛的精力吸引到阅读中来，让孩子直接和书中无数的聪明人“对话”。

小杰上三年级了，可是妈妈发现，小杰和一二年级时完全不一样：一二年级的时候，他经常缠着妈妈问东问西，不外乎是看到的书啊，同学和自己的小矛盾啊，友情啊，老师啊；可是，从三年级开始，小杰的提问发生了很大变化：

“妈妈，今天我们语文老师穿的上衣好漂亮啊！我都跟老师说了，她今天真漂亮啊！”小杰兴奋地告诉妈妈。

“妈妈，我们的高年级大姐姐、大哥哥，个子都好高啊！”

“我们美术老师说她都教了六个班，跨了三个年级！”

“我们学校的演播厅，设备好豪华啊！”

“妈妈，你说，男同学和女同学能真正成为好朋友吗？”

看到没？小杰提出的所有问题，都已经和一二年级时只关心自我的问题不一样了，并且带有了强烈的感情，不是感叹号就是问号。既有对已知答案的惊奇，又有对很多未知的疑惑。

但真正让小杰妈妈意识到孩子教育问题的，是孩子的边界感问题。

“妈妈，我们英语老师都有小宝宝了！她已经有一个小宝宝了，你说她会要几个小宝宝？”小杰好奇地问妈妈。

“你怎么知道英语老师有小宝宝了？”小杰妈妈问。

“小真说的，我不相信，就问了英语老师，还问了老师有几个孩子，准备要几个小宝宝。”小杰认真地说。

小杰妈妈不由得扶额。

“妈妈，我今天问我们老师，为什么不自己当校长，我们都可喜欢她了。”

不仅如此，进入三年级的小杰，似乎感官一下子无比灵敏起来。

影视中的偶像、出了什么新的游戏、回家路上有了什么新的变化、同学之间的八卦消息等，都成了小杰的关注对象。

“妈妈，你说，这部电影中的演员演得也太好了吧？特效也太震撼了吧？”

“今天我们同学都在玩一种新的桌游，你也让我玩会儿吧？”

“妈妈，这个门面怎么经常换店家？”

“我们班小哲和小真谈朋友了。”

小杰妈妈发现，随着孩子年龄的增长、思考的深入、视野的开阔，这样的问题越来越多，如果不注意引导，孩子得不到答案，就会产生困惑，继而失去继续探索的动力。至于孩子的边界感问题，我们可以慢慢引导。

教育大师苏霍姆林斯基曾经说过，教育孩子的最好办法就是阅读。

小杰提出的很多问题，其实都可以在书中找到答案。比如，孩子不同年龄的身高标准、男女同学如何相处、学校录播设备的知识、影视剧特效、学生与游戏。至于人与人相处的边界感问题等，除了父母的言传身教，也可以从书中找到答案，父母可以为孩子寻找一些介绍如何与人相处的书籍，比如，如何交谈、如何提问等。

小杰妈妈有很强的执行力，一旦意识到问题，就很快给小杰买了很多书。周末的活动，也很快变成了逛书店、参加读书会。至于平时的闲暇时光，则是陪伴孩子阅读。自然，孩子的注意力很快就被吸引过来。

在孩子精力旺盛、求知欲强烈的阶段，我们不仅要让孩子吃饱穿暖、尊重孩子，更重要的是关心孩子思想的变化、精神的需求。

一个七八岁的孩子，脑容量的发展已经几乎和成年人相当。这时候我们千万不能小看孩子的思考力、观察力。

3.1.3 11 ~ 12 岁高年级孩子的特点

> 11 ~ 12 岁的孩子，一般是五六年级，处于小学高段。这一阶段孩子的共同特征就是基本上开始慢慢向青春期过渡，三四年级孩子的热情开放在五六年级孩子的眼中变成不成熟、幼稚。这一阶段的孩子开始内敛，逐渐不愿意在公开场合表现自己，但开始对问题有了更深入的看法。在孩子已经走向成熟的前提下，我们要做的就是当好舵手，尊重孩子，尽量少干扰孩子。

存存五年级了，可存存妈妈很着急。不知道为什么，仅仅过了一个暑假，存存就好像变了一个人。

存存本来每天叽叽喳喳的，现在天天不说话，除了和父母交流，在外边一律能不说话就不说，即使说了，也是哼哼唧唧的。更要命的是，只要和别人说话，她整张脸就唰的一下全红了。

放学回家后，存存也不再呼朋唤友出去疯跑了，她要么看书、写作业，要么戴着耳机听音乐，或者干脆关了灯，拉上窗帘，自己在黑乎乎的屋子里，躺在床上，闭着眼，也不知道在想什么。如果妈妈喊存存，存存就会不耐烦地回答："能让我安静会儿吗？！"

存存妈妈看见孩子这样子，不敢批评，更不敢多问，怕不小心伤害孩子。于是，存存妈妈开始细心地观察周围同年龄段的女孩子，她们中确实有一部分孩子是这样的。当知道不是孩子一个人的问题时，存存妈妈心里有了谱，很快抱回了一些青少年心理学方面的书。

不看不知道，一看才明白，存存这种状况，是青春期表现形式的一种，也属于比较常见的表现形式。不过，让存存妈妈疑惑的是，孩子不是到初中才开始进入青春期吗？存存刚上五年级呀。

存存的老师是这样解释的：根据他将近二十年的经验，在十多年前，青春期特征在孩子七年级至九年级才表现出来。近十年，很多孩子的青春期特征在五六年级时就开始表现出来。

老师的话很有道理，存存妈妈又查阅了很多资料，果然有一部分研究论述中提到了孩子的青春期提前的问题。

明确了问题，存存妈妈就按青少年心理学书中的指引，以平常心对待存存，尊重孩子，有事多和孩子商量。

存存妈妈知道孩子这段时间害怕和人打交道，就尽量避免让孩子和亲戚朋友不自然地接触，遇到没有眼色的人调侃："哈，存存脸红了。"存存妈妈总是护短地怼回去："没见过过敏吗？！"到这时候，如果成年人继续开玩笑就很不妥了。

存存妈妈小心翼翼地保护着存存敏感的内心，并非刻意地把孩子保护在套子里，因为她知道，孩子青春期的这种变化只是暂时的，只要周围的人不过多关注，孩子心理上不会受到多次强化，就会很快适应并调整好的。

至于孩子喜欢独处，看看书、听听音乐，这也是孩子反思自己的开始，说明孩子开始成熟，有了自己的思想，这没有什么不好的。孩子总要长大，总要和父母分离，只不过时间有早有晚。

存存妈妈在发现孩子异常表现的时候，仔细观察，多方求证，终于获得正确对待青春期孩子的方法。我们在面对五六年级的孩子时，也要注意孩子的生理变化引起的心理变化，尤其是在孩子青春期普遍提前的情况下。

青春期的孩子性格比较敏感、个性比较强，有自己的主见，如果家长稍不注意，孩子受到刺激，很容易和家长发生情感上的冲突，导致孩子不愿意接受家长的教育。

3.2 清楚低年级的孩子慢是常态，等等孩子

> 研究表明，每个孩子的内心中天生都有一种秩序感，可能出于各种原因，秩序感在每个低年级孩子身上表现得不完全一样。我们要接纳孩子，不能以成年人的视角要求孩子，不能破坏孩子刚开始学习的热情和孩子正常秩序感的建立。在孩子建立秩序感的过程中，我们一定要记住：慢就是快，现在的慢就是为了将来的快。

在学校门口，我们经常见到许多急躁的家长和在家长催促下仍然不紧不慢的低年级孩子：

“走快点儿，不要迟到！”一位年轻的妈妈在孩子背后殷勤地叮嘱。

“别玩了，看你们同学都已经排好队了！”一位爸爸不耐烦地对孩子说。

“快！快！再吃两口！”一位奶奶端着饭碗，撵着孩子喂着饭。

对于低年级孩子的家长，不管是年轻的爸爸妈妈，还是年长的爷爷奶奶、外公外婆，都在不停地催促孩子，仿佛只有这样，才能体现自己对孩子的尽职尽责。

更有的家长，在催促不起作用的时候，大有恨铁不成钢的架势，举起手来就对孩子“啪啪啪”几下，引得孩子“呜呜”哭起来。当周围的人们纷纷看过来时，家长才惊觉自己好像有点儿过分了，于

是，匆匆忙忙地把孩子赶快送进学校，灰溜溜地跑远了。

家长们在短暂的闹剧之后，很快回归到忙碌的日常生活中。

和家长们满脸焦躁不同，被催促的孩子，无一例外，根本没有人体会到父母的着急，该怎么走还是怎么走，满脸的天真、可爱，依然懵懵懂懂。

蒙蒙刚上一年级，蒙蒙的妈妈简直晕了。没想到一年级和幼儿园有这么大的差别，不仅要按时上学，每天还有大量的学习任务。偏偏蒙蒙是个慢性子。

妈妈最着急的是蒙蒙写作业。

今天，老师布置了3个词语，每个词语写3遍，总共3行，18个字。

按妈妈的思路，总共18个，写15分钟怎么也足够了。

可是，妈妈眼睁睁地看着蒙蒙不慌不忙地坐下，掏出作业本，把书包放好，把本子摆正，再调好座椅，然后端正坐姿，时间已经过去七八分钟了。

等到开始写字的时候，蒙蒙更是写一个改一个，横没有写直，擦掉重新写；整个字有点儿歪，不好看，擦掉再写。总之，几乎每个字都要写上好几遍，蒙蒙才肯罢休。

中间妈妈好几次打断蒙蒙："好了好了，已经可以了，不要再擦了。"

可是蒙蒙完全不听妈妈的，坚持自己的思路，一定要写写擦擦，来回好几遍才算过关。

蒙蒙妈妈和其他家长交流发现，原来好多孩子都经历过这样的阶段。那么，到底是自己错了，还是孩子的问题？如果是孩子的问题，为什么这么多孩子都会有同样的问题？

蒙蒙妈妈通过和老师交流，在网上搜索后才明白，原来关于这方面早就有了科学研究：儿童内心是非常遵守秩序的，无序的生活对儿童是极大的干扰，甚至使儿童感到痛苦。

所以，你看，蒙蒙写18个生字这件事情，在成年人看来，是多么简单的一件事情，但是对蒙蒙来说，却包括掏出作业本，把书包放好，把本子放正，调好座椅，端正坐姿，写好每一笔、每一个字等一系列步骤。孩子还要遵从把每一个步骤都力求做好的规则。如果有一步做不好，对孩子来说，就是内心的煎熬。

明白了这个道理，蒙蒙妈妈再也不催蒙蒙了，而是选择耐心地陪伴，在孩子沮丧的时候，真诚地鼓励蒙蒙。

我们在孩子做每一件事时的催促，都迫使孩子不得不放弃内心对规则的坚持，可能一次两次无所谓，但次数多了，有的孩子就慢慢开始放弃对完美规则的坚持。对孩子来说，这是何其不幸的开始啊！一旦孩子后来不再遵从规则，对什么都无所谓，成了问题学生，我们又开始埋怨孩子怎么这么不争气，却从不思考，正是我们在孩子幼年时的不顾儿童生长规律的教育，才导致了今天的结果。

可能有家长发出质疑：那也太慢了吧？请家长回忆一下，你第一次学开车的时候，是不是也很无措，手脚怎么也不协调？孩子刚开始进入小学，所有的一切，对孩子来说都是非常陌生的，总要有一个适应过程吧？这也就是一二年级的教材只有那么点内容的原因。

拿出我们陪孩子学说话、学走路的耐心，好好地陪伴孩子。毕竟，虽然孩子已进入小学，但他们还是儿童，且刚进入文化的学习阶段。

3.3　不给孩子贴负面标签

积极地养育孩子，能使孩子心情开朗、自信、健康地成长。相反，给孩子贴上负面标签，则使孩子的缺点被无限放大，孩子处于极度被打击的状态之下，逐渐默认自己就是标签所显示的那样，不敢肯定自己，觉得自己一无是处，自卑，不敢表现自己。这样养育大的孩子，绝不是我们所希望看到的。所以，我们一定不能给孩子贴负面标签。

3.3.1　不贴“思想消极”的标签——画“黑太阳”的孩子的启示

孩子的任何不合常规的行为背后都可能有合理的原因。我们遇到问题的时候，不要着急，不要轻易下结论，仔细观察，结果有可能与我们想象的不一样。

达达上一年级了。

达达妈妈接达达放学的时候，老师悄悄地告诉达达妈妈，近期多注意孩子的思想变化，因为她发现孩子这两三天总是重复画一样的画——“黑太阳”。

老师虽然没有说什么过激的话，可是一脸的担忧。达达妈妈心里“咯噔”一下，感觉沉甸甸的。

不过，达达妈妈从内心是不愿意相信达达会有什么心理问题的。毕竟，她每天接到达达后，在回家的路上，达达总是叽叽喳喳地说个不停，天天都是乐呵呵的。对于老师的细心观察，达达妈妈非常感激，并且老师也没有直接给孩子定性，只是提醒妈妈需要注意。

虽然老师说达达这两三天都在学校画“黑太阳”，但达达妈妈并没有听达达提起过。依照达达爱说爱笑的性格，应该很快就露出马脚了，所以，达达妈妈决定再等等。

到晚上做完作业的时候，达达一反常态地没有玩乐高，竟然坐在书桌边，自言自语地画起了画。

达达妈妈没有打扰他，等到达达画完，才装作不经意的样子说：“今天又有什么好玩儿的？来，让妈妈欣赏欣赏呗。”

哎呀，这下可打开了达达的话匣子。

“妈妈，看！我画的黑太阳。够黑，够大，够圆吧？”

达达妈妈抬眼一看，一个巨大的“黑太阳”几乎占满了整张纸。达达妈妈不动声色地说：“真的够大、够黑、够圆。你怎么画这么好的？”

“我练了好几天了，一开始都是画得这么大。”达达用右手的拇指和食指圈了一个小小的圆，眉飞色舞地说道。

“那可真不容易呀！你是怎么想到这么好的创意的？”达达妈妈毫不吝惜地夸奖。

小孩子就是吃这一套，达达妈妈一夸，达达立刻兴奋地说道：“看书呀，前几天，越越带了本书，里面就有黑太阳，有全黑的、一半黑的、一小半黑的。”

达达妈妈一听，立即心中有了数。原来，达达画的“黑太阳”，就是日全食呀！

“是不是还有像月牙一样黑的？”达达妈妈接着说道。

“对，对，对”，达达连声地说道，“妈妈，你怎么也知道？你是不是也看过那本书？”

“里边还有日食、日全食。”达达妈妈故意拐了个弯，没有回答达达的问题。

“哎呀，妈妈，你都知道，你到底看的是什么书？”

“妈妈看的不是越越那本书，但是，妈妈知道，这类书有很多，想不想详细地了解日全食？”达达妈妈问。

“当然想了。”达达毫不犹豫地说道。

第二天，达达的书桌上就摆了好几本关于日食、月食的书。

达达妈妈在遇到问题的时候，没有武断地下结论，而是仔细观察，寻找契机，在完全理解孩子的基础上，巧妙地解决了孩子知识不够广博的困境，使孩子在更加广阔的知识海洋中遨游。

教育孩子没有什么神奇的招数，只要家长仔细观察，用心倾听孩子，平等地对待和尊重孩子，好好说话，是很容易走进孩子内心的。

3.3.2　不贴“不爱学习、不擅长”的标签

当儿童的学习出现问题的时候，需要把表面看来只有一个的问题细致地分解成不同的小问题，指导孩子一个一个地解决。

如果得不到有效的指导，孩子内心是无措的。当孩子自己也不知道到底是哪方面的问题时，如果本该担负起指导责任的父母不是一点儿一点儿帮孩子分解问题、解决问题，而只是发脾气，不耐烦地责备孩子这也做不好，那也不会做，只会使孩子的情况更糟糕。

更有少部分家长，直接给孩子贴上“不爱学习、不擅长”的负面标签。

小禾的妈妈总能找到孩子学习不好的理由：

“你说那个老师好，小禾跟着学习也没起色。”“他就是数

学学不会，怎么都不行。”这已经成了小禾妈妈的口头禅，几乎见人就这样念叨，也不管小禾喜欢不喜欢听。

我曾开玩笑说：“你一句话把许多家长培养孩子的功劳全抹杀了。”

小禾越来越讨厌学习数学，每次考试都不及格，这可是一个才小学三年级的孩子呀。

“小禾，写作业了！”每天晚饭后，小禾妈妈喊上一嗓子，就开始自顾自地刷起了手机。等到九点左右，小禾妈妈再出来巡视一圈，看一下小禾的作业进度，当然，几乎一大半都还没写。“这就是你写的作业？让你写作业，你都干了什么？！现在，限你半小时内写完，否则，后果你知道。”小禾妈妈气冲冲地说完，顺手在小禾背上狠狠打了几巴掌，又走了。

等到九点半，小禾妈妈再次检查小禾的作业，她再次吼叫一通，狠狠地打上两巴掌，然后看着小禾写作业。于是，小禾在妈妈的“监视”下，抹着眼泪，再奋斗十几分钟，终于艰难地写完了作业。

本该愉快的周末来了，可对于小禾来说，每周六的早晨，照例要迎来妈妈的一番吼叫：“写作业了！”之后，母慈子孝，该吃吃，该喝喝，该玩玩，仿佛早上布置的任务根本不存在。

直到晚饭后，又一次迎来写作业“魔咒”。照例是一通吼叫、打几下，再一通吼叫、打几下，最后在妈妈无可奈何的“监视”下，孩子哭天抹泪地完成作业。

小禾妈妈从来没想过认认真真地帮助孩子养成好习惯，也没有想过自己这种间歇式发作的管理孩子的方式，早就被孩子狡黠地识破了。

不知道小禾妈妈什么时候能真正地认识到，不是孩子学不会，而是一再给孩子贴负面标签导致孩子在内心也承认自己就是不行。

人没有了信心，还能做什么呢？

在陪伴孩子成长的过程中，不也就是短短的小学阶段对孩子的引领作用最大吗？给孩子布置了任务，就要有布置，有验收，有时间限制，让孩子从小明白规则的重要性。

推卸责任很容易，但可能也正因如此才培养不出出色的孩子。其实，只要每天坚持一点儿，就能形成强大的执行力，比拼孩子，不就是比拼家长强大的执行力吗？

3.3.3 不贴“品质恶劣”的标签

> “人之初，性本善。”小学正是模仿学习的最好阶段。作为家长，更不能轻易地给孩子贴上“品质恶劣”的标签，须知标签就像广告一样，即便不在意，听得多了，也会觉得是自然而然的事情。作为孩子最亲近的人，孩子的“第一任老师”，家长给孩子的评价，无疑在孩子心中就是权威的评价，孩子就会无意识地朝着家长评价的方向发展。

好好妈妈很懂这方面教育。

“好好，你来帮妈妈接点儿水吧？”好好妈妈总是用这样商量的口气和好好说话。好好也总是立即就行动起来。

“我们好好就是好，又勤快又能干，妈妈最喜欢好好了。”每次好好做完事情，妈妈都要夸奖好好一番，顺便再摸摸好好的脑袋。

和好好不同，涛涛简直就是一个能闹翻天的小子。

“涛涛，涛涛，来给妈妈帮个忙。”涛涛妈妈喊破了嗓子，涛涛也没有回应妈妈。

“涛涛，不要乱窜，好好坐下看会儿书。”可是，涛涛总是偷空就溜出去。

“你们家涛涛太调皮了，看到我们家毛毛，非得揪揪毛毛的头发。”一个邻居说。

“哎呀，涛涛把我们家猫咪吓得一看见他就跑。”

涛涛要么不服管教，要么调皮捣蛋，惹得邻居都来告状。有一次，涛涛妈妈气急了，怒斥涛涛品质恶劣，涛涛听了一呆，很快嬉皮笑脸地说：“你想怎么说就怎么说呗。”

很快，涛涛妈妈发现，涛涛的行为变本加厉，在家里好像总是故意和自己作对似的。同样是养育孩子，为什么好好那么优秀呢？

涛涛妈妈认真地反思自己，回想好好妈妈的语言，这才发现，自己对涛涛总是用命令式、批评语气；可是好好妈妈呢，总是和好好商量，好好做了什么事，好好妈妈也总是对好好做的事进行针对性的表扬。这样看来，好好那么好，不是没有道理的。好像从自己说过涛涛“品质恶劣”后，这孩子更难管教了。

涛涛妈妈说干就干，很快写了一封道歉信，放在涛涛的床头。信中涛涛妈妈郑重地跟涛涛道歉，请涛涛原谅自己，那天自己口不择言，说他品质恶劣。事实上，涛涛有很多优点，比如做事速度快、开朗大方、不爱计较、很自信、不易害羞等。妈妈只是一直盯着涛涛的缺点，忽略了涛涛的优点。妈妈以后会发现涛涛更多的优点。

涛涛妈妈真的拼了，每天都寻找涛涛的优点。

“涛涛，今天自己准时起床，时间把握得刚刚好。”

“呀，作业在学校就已经完成了，你太会利用时间了。”

“今天，语文老师在班级群里表扬你了，你进步可真大。”

一开始，涛涛妈妈确实很不习惯，不仅要刻意忽略涛涛做得不好的地方，还要拿着放大镜寻找涛涛的优点。

可喜的是，涛涛妈妈天天表扬涛涛，竟然看涛涛越来越顺眼。涛涛呢，也是妈妈越表扬越起劲，慢慢地变勤快了，也不调皮了。

人都喜欢听好话，孩子也不例外。当孩子出现问题的时候，我们要先反思自己是不是做得不到位。我们希望孩子变成什么样的人，就怎么去评价孩子，千万不能给孩子贴负面标签。

3.3.4　不贴“家庭遗传”的标签

> 孩子在学习的时候，我们一定要给予他们积极的心理暗示，这样孩子就会朝着良性的方向发展。如果给了孩子消极的暗示，孩子正好可以待在心理舒适区，摆脱辛苦的学习，是很难获得正向发展的。

“春儿可聪明了，就是和他爸小时候一样，不好好学习。”春儿的妈妈每次都这样说。

春儿就是个普通孩子，可是谁会没事找事去和他纠缠这件事呢？

春儿妈妈一遍一遍地重复，春儿也认为自己很聪明。于是，春儿作业不用心写，上课不用心听。

同样地，小严也遇到了“遗传”的梗。

小严开始上学时，算术怎么都算不对。于是，只要一提到数学，小严奶奶就提小严爸爸的糗事：“你爸爸呀，从小就不爱学习，就爱捣鼓，你别看你爸爸现在教育你要好好学习、怎么算题。他呀，小时候上学，也是小迷糊，学算术怎么都算不对。”

最后，再来个总结：“这孩子八成和他爸一样，遗传。”

听多了，小严的数学学不好，真变成了“遗传”。小严只要一看到数学，第一反应就是“遗传”：“我爸爸都学不会，我也学不会。”这种心理的抗拒导致小严根本就听不到老师在说什么，那些数字，总是在眼前飘呀飘，就是看不清。

无论是春儿的妈妈还是小严的奶奶，她们的言论都没有什么科学依据。只不过，她们不约而同地为孩子找好了退路：学不好不是因为没努力，而是因为“遗传”。下坡容易上坡难，一旦孩子找到不必努力的理由，可以很轻松地对待学业，他就很难再打起精神去努力。

小严的双胞胎弟弟则和小严完全不一样。开始上学的时候，也遭遇了和小严一样的困境：算术也是算不对。

所不同的是，小严从小跟奶奶生活的时间长，小严弟弟则是妈妈照看得多，自然而然地，小严更相信奶奶的话，小严弟弟则更听妈妈的话。

小严弟弟不会算术，就死磕，一开始两人也没多大区别，为这，奶奶不知道说了多少次小严弟弟死脑筋。可到三年级的时候，小严弟弟的数学竟然开窍了，打破了“遗传”的魔咒。

当外界不停地重复一些东西，不管是外因还是内因，重复多了，大脑就会接收指令，自我麻痹并执行下去。只有保持清醒，不找借口，坚持努力，才能健康成长。

我们不能再拿父辈的学习情况来对照孩子，不仅是因为人的不同，也是因为整个教育的大环境都在变，我们怎能用前人的情况来应对孩子的情况呢？

我们要给孩子以积极的引导，即使孩子真的在哪方面比较吃力，孩子也会因为我们的正确引导，更加有信心，努力前进。如果孩子坚持不懈，最终一定会成功。很多时候，成功的人往往不是最聪明的人，而是那些持之以恒、坚持到底的人。

3.3.5　不贴“内向”的标签

> 千人千面，孩子也有不同的性格。有的孩子爱说爱笑，有的孩子喜欢在内心思量。从长远发展来看，没有谁优谁劣。家长不能因为自己的喜好，给不喜欢叽叽喳喳的孩子贸然贴上“内向”的标签。

都说“千年老二”最不得父母欢心，诗诗正好属于这种情况，妈妈一直把大量的精力放在姐姐的身上,总是有意无意地忽略诗诗。因此，诗诗从小就喜欢自己玩，尤其最喜欢看书。

诗诗常常自己一个人看书，看着看着就傻笑一阵。有时候，姐姐、妈妈会突然问她笑什么，要问好几次，诗诗才会茫然地抬起头，根本就不知道刚才姐姐和妈妈说了什么。

不仅如此，诗诗好像很怕亲密关系。在很多人的场合，诗诗也总是沉浸在自己的世界里，很少和别人交流。尤其是走亲访友的时候，姐姐的活泼和诗诗的木讷形成了鲜明的对比。

所有的亲戚对诗诗的评价都是内向、不爱说话，就连爸爸、妈妈、姐姐都认为诗诗太内向了，简直和他们不像一家人。

诗诗真的内向吗?

确实，在学校里，诗诗不爱大吵大闹，可是同学们都非常喜欢诗诗。

诗诗不仅成绩好，作文也写得好。

诗诗的各科成绩都名列前茅，尤其语文，总是第一名，每篇作文都是年级的范文。

诗诗每次代表班级演讲的时候，都能捧着奖杯回来。

诗诗是个讲故事的高手。课间，只要诗诗开始讲故事，座位旁很快就围满了同学，同学们都痴迷地听着。这时候的诗诗表情丰富，语言生动，浑身都散发着吸引人的光芒。

诗诗妈妈在和老师交流的过程中，惊诧于自己和老师对诗诗的不同评价，以及诗诗在家和在学校的不同表现。诗诗妈妈更因为老师的婉转提醒，深深地反思了自己。

显然，从诗诗在学校的表现和老师的评价，以及同学们对诗诗的喜爱来看，诗诗不是真的内向。只不过诗诗的真性情在家里没有发挥出来而已。

曾几何时，因为姐姐比较闹腾、黏人，诗诗妈妈把更多的关注点放在了姐姐身上。而诗诗总是很安静，很懂事，所以妈妈自以为，不用过多地关注诗诗。

现在看来，妈妈错了，诗诗再懂事，也是一个孩子。她一直在家里安安静静的，不提要求，几乎不和家人交流，根本就不是因为性格内向，这分明是生分啊。诗诗和自己的父母、姐姐缺少深入的情感交流，也不知道如何融入这个家庭。

在孩子最需要感情接纳的时候，做妈妈的却忽略了她。可悲的是，诗诗妈妈浪费了那么多和诗诗交流的机会，还给孩子贴上了“内向”的标签。幸运的是，诗诗在学校找到了展示自己的空间，有了感情顺利宣泄的导向。

诗诗妈妈后悔极了，原来是自己耽误了诗诗。

于是，诗诗妈妈开始每天关心诗诗的衣食住行、读书写字，希望还不是太晚的开始吧。毕竟，感情的修复不是一两天就能完成的。

很多时候，评价孩子一定要谨慎。即使孩子有时候不爱开口说话，也不一定是内向，很可能是场合不同或别的原因造成的。再说，也不能把“内向”完全定义为贬义词吧。

3.3.6 不贴“早恋”的标签

> 在正常的交往中，孩子有时候跟自己比较合得来的伙伴互相来往得更频繁一些。这种情况在小学生中是很正常的，即使有好感，也是朦朦胧胧的，并没有什么明确的目的，千万不可以轻易给孩子贴上“早恋”的标签。否则，轻则会使孩子感到羞耻，破坏同学之间的正常交往，甚至在孩子心中留下阴影；重则会使孩子破罐子破摔，弄假成真。这两种结果，哪一种都不是父母想看到的。

舟舟已经连着两晚没有回家了。当学校门口家属院的老大爷找到舟舟妈妈的时候，舟舟妈妈才知道。

据老大爷说，舟舟晚上和两个孩子就在家属院里自家的三轮上，连着两个晚上了，实在是怕孩子出什么事，才想办法找舟舟妈妈来的。

舟舟爸爸妈妈住在店里，晚上舟舟和爷爷奶奶在家。舟舟到底为什么晚上跑出去，舟舟妈妈很清楚。

前几天，舟舟妈妈看到，放学后舟舟和几个女生打打闹闹，还互相开着玩笑：

“舟舟，你女朋友呢？”

“舟舟，你的情书呢？快送出去呀。”

舟舟妈妈听得气血上涌，回到家就质问舟舟是怎么回事。

“说吧，今天几个同学说的你的女朋友是怎么回事？”

“哪有女朋友，他们胡说的。”舟舟不满地说道。

“没有？没有的话，别人会说你？怎么不说别人？还有情书？”舟舟妈妈连珠炮似地发问。

“都说没有了，都是相互开玩笑的，根本就没有情书。”舟舟气呼呼地说道。

“你今天给我说清楚，别想打马虎眼。”舟舟妈妈怒瞪着舟舟，一手拉住了舟舟。

舟舟猛地甩开妈妈：“说清楚什么？没有的事我怎么说清楚？”舟舟哭了，然后又猛地一甩头，大踏步走回自己屋里，“砰”的一声，狠狠甩上了门。

舟舟妈妈跟上去，使劲推门。可是，舟舟已经把门反锁上了。不管妈妈怎么敲门，舟舟根本就不答应。

舟舟妈妈一个人坐到沙发上，生了很长时间的闷气。

最后，舟舟爸爸回来，跟舟舟妈妈说，别再提前边的事，接着喊舟舟吃饭。

舟舟虽然出来了，可还是气哼哼的，舟舟妈妈也好不到哪里去，母子俩有了心结。

这几天，舟舟几乎都不和妈妈打照面，只要妈妈在家，舟舟几乎都待在自己房间不出来。

老大爷听说孩子和妈妈斗气的时候，语重心长地跟舟舟妈妈说：“孩子小，不懂事，我们可不能和孩子斗气，如果孩子真出了什么事，后悔都来不及了。”

舟舟妈妈也害怕。可是，怎么解决这个问题呢？正好，舟舟妈妈的表姐是教师，舟舟妈妈就把自己的困境告诉了表姐。

谁知道，表姐一听哈哈大笑，说舟舟妈妈完全是小题大做，只是因为自己听到了孩子们的玩笑，没有查证就去质问孩子，说好的对孩子的信任呢？再说，小学生之间互相有好感，是暂时的。即使有，妈妈也应想办法引导，何况根本没有。对孩子，你不希望发生的事情，千万不要反复提醒，要尽量淡化，更不能意气用事，和孩子比谁会发脾气，这样只会把事情搞砸。

舟舟妈妈最终决定向舟舟道歉，自己不该无中生有，不该不相信舟舟，同时要求舟舟不要再到外面过夜。

事情已经发生了，舟舟妈妈虽然道了歉，可母子间的感情却花了舟舟妈妈好几个月的时间去修复。

引以为戒吧。

3.4　说到做到

> 在孩子眼中，家长就是自己的“偶像”，孩子喜欢以家长为榜样，模仿家长的行为，希望自己像家长一样强大。我们一定要做好孩子的榜样，绝不能使自己在孩子心中的形象坍塌。养育孩子的过程中，更要说到做到。

3.4.1　家长是孩子的一面镜子

> 孩子在成长中，最早是以家长的行为做参照的，你希望自己的孩子将来长成什么样，你在孩子面前就要做什么样的人。家长，本质上就是孩子的一面镜子。

提到小树，附近的妈妈都知道。虽然小树还是个五年级的学生，但很多妈妈提到小树都是一片唏嘘，提到小树的妈妈，都是一片同情。

可事实并非如此。小树之所以能有今天，是小树妈妈一手造成的。

小树有三大恶习：谎话连篇，不尊敬老师，说话不算话。

说起来，小树妈妈也非常可怜，大儿子非常优秀，却不幸夭折，于是盼来了小树。对于小树，妈妈浇注了全部的心血，希望孩子像小树一样茁壮成长。可是，小树妈妈的痛心经历导致她根本就不能冷静、理性地对待小树的任何问题。

就像开学季刷屏的图片一样，多少家长想尽办法攀爬学校围栏，想看一看送进校园的孩子。这种心理，经历过孩子入园、入校的家长都懂。

同理，小树妈妈的心情也可以理解。即使妈妈娇惯孩子，也必须让孩子学会遵守纪律、诚实友爱、尊敬师长、团结协作。可是，小树的妈妈只要面对小树，就失去了原则。

小树上一年级了。一天放学后，小树妈妈问："小树，今天有什么作业？"

"今天没作业。"小树满不在乎地随口回妈妈。

结果，第二天接孩子的时候，老师告诉小树妈妈，孩子昨天没写作业。

"小树，你的笔呢？"

"都用完了，今天作业多。"小树轻描淡写地说道。

可是，过了几天妈妈才知道，小树拿自己的笔和同学换了游戏卡片。

"小树，今天欺负女同学了？"

"没有，我拿东西，不小心碰到她，她就哭了。"小树告诉妈妈。

一次又一次，小树总是有理由给妈妈解释，小树妈妈总是选择相信。虽然一次次惨遭打脸，可妈妈还是告诉自己："他还是个孩子，长大就好了。"

小树长大就好了吗？因为小树一次次撒谎，小树妈妈也因此一次次地为小树遮掩，说了许多次谎话。有一次，小树妈妈因小树又一次闯祸被请到学校，她给别的家长赔礼道歉后，郑重要求小树不能再撒谎。没想到，小树反问妈妈："我有时没写作业，老师问你的时候，你不也是帮着我向老师撒谎吗？你不也是和我说老师的不对吗？你和老师说了多少次谎？你不也没做到吗？"

小树妈妈张口结舌，很想向小树解释，自己的谎言是善意的，自己是为了保护小树，没有办法才撒谎的，可这根本就说不过去呀。小树妈妈尝到了自己亲手酿的苦果。

平常小树只要喊作业多，为了安抚小树，妈妈也会附和小树，说老师布置的作业是多。于是，仗着妈妈的护短，小树的作业做得一塌糊涂，将老师的话当作耳旁风，想干什么就干什么。上学前妈妈苦口婆心地交代他要遵守纪律，亲自把小树送到学校，小树信誓旦旦地答应妈妈。可一转眼，小树不是打架，就是惹事，有一次，甚至跳到讲桌上和老师叫板。

儿童最善于模仿，我们就像孩子的一面镜子，要求孩子做到的，自己要先做到，千万不能用两套标准对待孩子和自己。此外，再加上严格的教育，孩子才可能沿着正确的航向前进。

3.4.2 失诺，失去的是信任

> 在孩子成长的最关键时期——12 岁之前，家长就是孩子心中的偶像、第一任老师。如果家长在孩子面前言而无信，孩子会对家长失去信任，并不愿意再听从家长的教诲，甚至会谎话连篇，形成错误的人生观、价值观。

这一部分，我下了好大的决心才写下来，因为这是沉重的记忆。

彦彦一直是父母眼中懂事、爱学习的好孩子，可是四年级时发生的一件事情，几乎改变了孩子的性格和成长路径。

彦彦的家庭氛围融洽，父母尊重孩子，很多事情都和彦彦商量。彦彦也一度认为自己是最幸福的。

彦彦四年级的时候，有一天放学，在路上碰到好几个熟识的人，他们都对彦彦说："快回家吧。"

彦彦很好奇，又有点紧张，家里有什么事？

等彦彦慌慌张张地跑到家，只有妈妈一个人失魂落魄地坐在沙发上。

"妈妈，你怎么了？发生了什么事？"彦彦焦急地问。

"没事，我有点儿不舒服，一会儿就好了。"妈妈勉强朝着彦彦笑道。

"爸爸呢？"彦彦半信半疑地问。

"爸爸出差了，过一段时间才能回来。"妈妈向彦彦打马虎眼，想着先混过去再说。

彦彦根本不信，可是看妈妈的样子，也没有再问。

第三天，彦彦到学校后，同学中已经传开了"彦彦爸爸因为冲动过失伤人，被监禁了"的消息。彦彦一下子蒙了。自己心目中的好爸爸是勤劳、踏实、守法的，竟然会过失伤人，自己还可以相信谁呢？

彦彦一下迷失了方向，因而放纵起来。妈妈开始时比较消沉，等看到彦彦的样子，恍然惊醒，重新打起精神教育彦彦。没想到彦彦振振有词地说道："我爸爸坐牢了，我也不怕。"

还有比这更诛心的话吗？彦彦妈妈瞬间失声痛哭。

好在彦彦才四年级，放纵的时间也不长。妈妈认真地和彦彦分析事情的始末，将爸爸犯的错误告诉彦彦，并说："大人如果不注意严格要求自己，犯错误付出的代价会更大。爸爸已经犯错误了，我们更应该吸取教训，不能再犯同样的错误。”在妈妈的严格要求下，彦彦不久又恢复了常态。

为了孩子，我们要在各方面做好表率。我们的自律是为了成就更好的孩子。

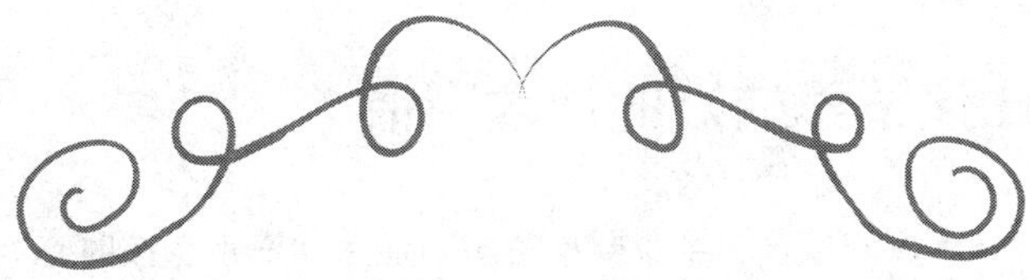

第 4 章 为孩子小学入学培养好的生活习惯

孩子进入小学前，家长要注意帮助孩子培养良好的生活习惯，使孩子能快速适应、融入集体生活。如果没有为孩子做很好的生活准备，孩子进入一年级后，可能会有很多令人难堪、令人难受，甚至是危及孩子自身安全的事情发生。

4.1 让孩子养成好的饮食习惯

一年级的孩子，至少要具备餐前便后要洗手、按时吃饭、爱惜粮食的生活习惯。孩子如果没有养成这些生活习惯，不仅影响自己的健康，而且会跟不上集体的步伐。孩子在集体中落后，或多或少会影响孩子自信心的形成。

4.1.1 不在校门口吃早饭

过度溺爱孩子，超出常规地迁就孩子，家长不是在养育孩子，而是在“捧杀”孩子。

开学这几天，学校大门口出现了一道“亮丽”的风景线：一辆红色的私家车停在学校门口附近，车门敞开，一个孩子从后座的被子里探出头，旁边的年轻的妈妈一口一口地喂孩子吃饭。

原来，这是一年级的新生小顺和他的妈妈。

我见过家长把孩子送到学校门口，让孩子在附近小吃店就餐的，也见过孩子坐在车后座吃东西的，可是，这么多年来，像小顺妈妈这样，已经到了该进学校的时间，孩子还裹在被窝中，妈妈一口口地给孩子喂饭的情况，我还是第一次见到。

小顺这种情况，体现了家庭教育的严重缺失。

小顺的与众不同，很快在同学中出了名：

早上经常慌慌张张跑进教室，

咦，脚上怎么还是拖鞋？

忘记戴红领巾也是常有的事，

作业、课本，书包里怎么没有？

笔呢？

哎呀，头发还乱糟糟的，

中午在校吃午餐前不想去洗手，

吃饭时总挑食，

午餐结束时却只吃了几口。

天呀！这是一个已经进入一年级的孩子吗？没有养成任何好的生活习惯。小顺妈妈在学校的干预下，被逼无奈，狠心收起了车上的被褥，开始了对小顺的生活改造。

按照学校要求，早上8：00进校，小顺家离学校开车大约20分钟的路程，所以小顺妈妈必须在7：35左右带小顺出门。按照这个时间往前推，小顺早饭需要20分钟，洗漱10分钟，所以妈妈必须在7点左右准备好早餐，并叫小顺起床。

还有最重要的，小顺第二天学习要用到的东西，必须在睡觉前就准备好。

思路清晰了，小顺和妈妈一块儿列了一个清单，每天睡前都要检查一遍，写完的作业、课本、学习用品等是不是都装进了书包，红领巾是不是整齐地叠好，放在了书包上。

当然，每天的这些准备工作还不是最难的。对于小顺来说，最困难的是早上起床，虽然和妈妈商量好了，第二天还是经常起不来。

早上7点钟，妈妈准时叫醒小顺，可是小顺在床上裹着被子撒泼打滚，就是不起来。妈妈没办法，可又不能像之前一样把小顺裹着被子抱上车。于是，妈妈要小顺决定，要么不起床就不上学了，要么立刻起来。

小顺不愿意不上学，于是只好磨磨蹭蹭地起床。可是早上的时间只有那么多，小顺动作太慢，已经没有时间吃饭了。妈妈也一反常态地没有给小顺准备东西在路上吃。

慢慢地，小顺的动作就快了许多。

孩子不是没有能力做好，这主要取决于家长要求了多少。要想孩子习惯好，关键还是家长要求到位，具有执行力。孩子就像蓬勃生长的小树，多注意打理，就会好好地生长。

4.1.2 吃饭习惯的培养

> 孩子的问题，其实是家长的问题，家长的纵容导致孩子养成了坏习惯。正确的做法是定规矩、讲道理，温柔又严格地执行。你的坚持是孩子健康成长的底线。

小墨吃饭一直都磨磨蹭蹭，坐在饭桌前，摸摸桌子上的花瓶，看看这个盘子、那个碗。如果不管她，她会一直磨蹭下去。可过了暑假就要上一年级了，中午要在学校用餐，这样的习惯怎么能吃好饭?

实在不能再这样下去了，妈妈直接告诉她，她只有半个小时的时间用餐，半个小时之后她就没有饭吃，下午3点的加餐只有一杯酸奶，没有其他零食。

小墨看妈妈很严肃，一点儿都不像平时的样子，于是不情愿地拿起筷子，漫不经心地挑着碗里的饭。妈妈没有理她，吃着自己的饭。

半个小时后，小墨多多少少吃了点，妈妈没有强求，小墨也没有说什么，她吃饭一向如此，饭量小，饿得快，爱吃零食。

午休后，妈妈带小墨到公园散步。小墨身体一向很好，只是有点不爱运动，带着她到外面走走，应该会加大点饭量吧。

“妈妈，还要走到什么时候？”

才在公园玩了半个小时，小墨就嚷嚷着要回家。妈妈知道，这孩子一定是想吃零食了。

“小墨，我们再玩一会儿。人要多运动，才会有助于消化，吃得下饭，才能长高个子。你马上就要上一年级了，你难道要同学们笑你像豆芽菜吗？”

“当然不愿意。”

“那怎么才能长个子？”

问题又绕了回来，小墨没有再提回家。

“妈妈，我饿了。”

“今天的加餐只有酸奶。”妈妈拿出事先准备好的酸奶。

晚饭的时候，小墨没有再磨蹭，吃饭时甚至有点儿狼吞虎咽。

看着很难解决的问题，但当家长真正坚持原则去解决的时候，其实已经不是难题了。

4.1.3　不拿着筷子追逐打闹

> 很多常见的活动，孩子参加时一定要注意安全，因为隐藏的安全隐患有可能给孩子带来不可估量的伤害。比如吃饭用的筷子，如果只是坐着安安静静地吃饭，是没有问题的，可是，拿着筷子奔跑或玩耍就不妥当了。

小小跑回来，惊慌地说：“妈妈，小南眼睛被筷子戳伤了！”

妈妈安抚着小小：“不要急，慢慢讲。”小小显然受了惊吓，钻进妈妈的怀里，上气不接下气地说："吃饭的时候，小南拿着筷子和弟弟玩闹，奔跑中不小心被绊倒，筷子戳到眼里。救护车都来了。"

"妈妈，小南的眼睛会看不见吗？"小小忐忑地看着妈妈。

妈妈拍了拍小小说："医生会尽力医治的。"

小南的眼睛最终受了很重的伤，视力严重受损。

小南的事情，让我想到另一起类似的事故。那是另一个家庭悲剧。

小刚妈妈比较大大咧咧，所以小刚和弟弟经常边吃饭边玩闹。

有一次，小刚和弟弟吃零食的时候，比赛谁扔得高，并能用嘴接住，两人玩得正起劲儿。结果弟弟不小心被呛着，憋得面红耳赤，好在没出什么大事，最后妈妈把两人训斥一顿。

可是，妈妈只是就事论事地解决了当天的问题，没有从根本上教育两个孩子吃饭时应该注意的安全事项。于是，妈妈不得不疲惫地应付兄弟两个接二连三的事故。

刚过了两天，妈妈煮了丸子，两人一商量，把丸子用筷子串起来，边玩边吃。两人一向玩闹惯了，妈妈也不在意。谁知道，小刚正吃的时候，弟弟正好打过来，一下子，串着丸子的筷子深深地戳进了小刚的喉咙。

亲爱的家长们，孩子小时候，一定要在安全方面多加注意。一个不起眼的动作、一个小玩具，如果不注意，都可能给孩子带来灾难。

儿童安全应该是长抓不懈的工作，也是小学教育中的重中之重，家长在孩子饮食和平常玩耍中也要非常重视安全方面的教育。

家长只有把教育工作做在前边，才可能预防一些安全隐患的发生。如果每次都像小刚妈妈一样，发生一件事解决一件事，那不是教育，那是救火队长。

任何教育，当深刻地烙印在孩子脑海中的时候，他就不容易去违反。建议家长们常给孩子观看这方面的视频，或讲这方面的故事。

平时我们关注最多的是吃东西噎着、呛着，事实上，还有许多因拿着筷子玩耍打闹，伤着眼睛、喉咙的事故。所以，孩子在用筷子吃饭的时候，一定坐在餐桌前，安安静静地专心吃饭，不能边吃饭边奔跑打闹，或者拿着筷子把食材串起来举着玩（吃糖葫芦也一样）。

我们虽然不像古代那样要求食不言，但吃饭时的这些安全要求必须做到。

4.1.4 取餐量力而行，不浪费

> 孩子的任何习惯都跟家庭息息相关，和家长的重视程度相关。你要求到什么程度，孩子就能做到什么地步；反之，有可能一塌糊涂。

今天是家长陪餐日，轮到小墨妈妈陪餐。可小墨妈妈从学校回来后，怎么也高兴不起来。虽然班级群里几乎每天都反馈孩子中午在校的就餐情况，可小墨妈妈从来没关注过，吃饭谁不会？值得天天强调吗？

事情很简单，中午下课，孩子们洗漱后排队等待取餐。个别小机灵鬼，早早打探到午饭都有什么菜、粥、水果。于是，这消息立刻传开了。

小墨一直比较挑食，不喜欢吃青菜，最喜欢吃肉丸子。今天的午餐不仅有小墨比较喜欢的肉丸子，还有好喝的米酒汤和芒果。小墨一听乐坏了。

小墨取完自己的餐盒，可能是怕不够吃，或者是自己喜欢的菜不足，立即又端着小碗，到配餐处要了满满一碗的肉丸子，又拿了两份米酒。妈妈看见了，赶紧用眼神制止，可小墨根本就不理妈妈，执意拿了回来。

妈妈看到小墨拿了那么多的饭菜，不忍直视，一个一年级小女生，个子在全班最矮，在家里从来没吃过那么大的分量，今天的饭菜一定会剩下。

果真，小墨根本就吃不了那么多，还剩了很多。好在，妈妈一早就拒绝了老师送过来的饭菜，直接说小墨已经取过餐了。

妈妈本来以为，小墨在家这样，在学校会和别的同学一样，吃多少拿多少。今天，小墨的表现让妈妈有点尴尬。小墨妈妈决定无论如何都得纠正小墨的这个毛病。

晚饭前，小墨妈妈问小墨："今天为什么吃不完还拿那么多？"

小墨无所谓地说："好吃呀，我都喜欢吃。"

"你拿那么多，吃完了吗？"妈妈问。

"没有，剩下的你不是吃了吗？"小墨说。

"如果今天不是妈妈陪餐，剩余的都倒掉，多浪费呀，老师看见不批评吗？"小墨不说话了。

"吃完餐盒里的，再去打饭，还会有吧？"妈妈问。

"有的。"

妈妈看着小墨，严肃地说："以后，每次吃多少拿多少，不能浪费粮食。往常在家里，妈妈对你要求不够严格，咱们就从现在开始严格要求。”

于是，这天的晚餐，妈妈也是用餐盒给小墨打了一些饭菜，要求小墨注意营养均衡，必须把餐盒里的饭菜吃完，吃不饱才能接着打饭。并且和小墨约定，以后不管在家里还是在学校，都要按这个要求去做。

小学生，尤其是低年级的孩子，正是最容易养成好习惯的时候。我们一定要严格要求，好好配合老师、学校。为了孩子的身体健康，孩子挑食的毛病必须纠正。只要我们严格要求，相信孩子一定能做得很好。

4.1.5　餐前便后要洗手

> “没有教不会的孩子”，这句话在孩子行为习惯和生活习惯养成方面也十分适用。如果养成好的习惯，这些习惯会像渴了喝水、饿了吃饭一样自然。但父母如果不引导孩子养成这些好习惯，那么孩子很容易偷懒。

今天真的是让小墨妈妈感到难堪的一天。

今天中午，轮到小墨妈妈陪餐，中午放学后，孩子们自觉洗漱，准备排队取餐。

可是，小墨只是到外边转了一圈，根本没有洗手就溜了回来。轮值小组长告诉了老师，同学们七嘴八舌地在催促小墨。最后实在没办法，小墨才不得不去洗手，再佩戴自己的围裙，拿出餐垫。

当着同学们的面，老师没多说什么，可小墨妈妈觉得非常难堪。

小墨妈妈知道，自己太娇惯小墨了。在家里，饭前便后都是妈妈督促着小墨洗手，有时候妈妈看着实在着急，干脆给小墨端来水，拿来毛巾。没想到，自己的勤快，却养成了小墨这样不好的习惯。那么多同学都是自觉地洗漱，只有小墨不爱洗漱。现在小墨年龄还小，再大点儿，可能会受到同学们的嘲笑。

小墨妈妈决定无论如何都得帮助小墨改掉这个坏毛病。

晚上回家，小墨妈妈毫不留情地宣布了新的规定。小墨开始时毫不在意，一看妈妈做好了饭，立即坐在餐桌旁准备吃饭。

“小墨，洗手，否则没饭吃。”妈妈严肃地说。

小墨坐着没动，妈妈也没动，一直坚持了十多分钟。小墨开始撒娇：“饿死了，什么时候吃饭呀，妈咪？”妈妈没有动摇。

小墨一看，说：“哼，不吃了。”，随后站起来去沙发上躺着。

妈妈没理小墨，自己吃了起来。

小墨看妈妈不理自己，没办法，干脆睡觉了。

妈妈很难过，也很着急。可是，她知道，如果这次妥协，下一次就更不好办了。小墨只要不喜欢做的事，妈妈总是妥协，可换来的却是小墨变本加厉的骄纵。

妈妈心想，今天既然决心让小墨改正，绝不能再妥协，一定要把这个不好的习惯纠正过来。

小墨睡了一大觉起来，肚子饿得咕咕叫。可是一看，不仅饭菜妈妈都收起来了，连零食、水果也都没影了。

小墨倔强地继续回房间睡觉，内心期望妈妈妥协，来哄哄自己，顺便给自己带来些吃的。可是左等右等，妈妈就是不来，小墨拉不下面子，只好蒙着头装睡。

妈妈始终没来哄小墨，小墨饿了一夜的肚子，第二天早上，只好自己乖乖地起床洗漱。

小墨有所改变，但妈妈没有太多的喜悦，而是觉得自己以前对小墨太纵容了，这只是“万里长征”的第一步，以后还得坚持住，才能慢慢把小墨的坏毛病纠正过来。

我们一定要记住，孩子年龄越小，就越容易养成好习惯。我们一旦向孩子妥协，将来会更难以纠正。甚至等到孩子年龄足够大的时候，父母根本就没有再教育孩子的能力。

4.2 教给孩子卫生健康习惯

> 孩子的好习惯在年龄越小时越容易养成。尤其是卫生健康习惯，需要父母坚持不懈地督促教育。

4.2.1 不和别人共用水杯

> 当孩子脱离父母的怀抱，初步融入集体生活的时候，父母尤其要注意孩子是否一直保持着良好的卫生健康习惯。如果孩子没有保持卫生健康习惯，那么一定要搞清楚是什么原因。任何时候，对孩子的事情，都不能不分青红皂白地批评一通。因为当孩子和父母的心有了距离，就容易产生敌对情绪，这是很不利于教育的。

小棠一年级了。这天妈妈接小棠放学，吃惊地看到小棠和几个孩子一起，拿着一瓶水，你一口我一口地喝着。

从小棠小时候起，妈妈就反复教育小棠，不能和别人共用餐具、水杯，在家里也一直采用分餐制。在外聚餐更是注意使用公筷、公匀，同时也给小棠科普过幽门螺旋杆菌的知识，孩子怎么还这样呢？

看到妈妈，小棠兴奋地说：“妈妈，刚才我们上体育课，可开心了！”

“都学了什么，这么开心？”妈妈问。

“葫芦娃啦啦操。不过，太热了，还很渴。”小棠摇摇头。

“是不是刚才在一块儿喝水呀？”妈妈问。

“是呀，是呀，只有琳琳的水杯还有水，我们每人只喝了一小口。”小棠开心地说。

“走，妈妈再给你买瓶水去。”

等小棠喝够了水，叽里呱啦地把想说的话说完，慢慢平静下来，妈妈才开始给小棠提到和别人共用水杯的事。

“棠棠，今天和别人共用水杯，属于特殊情况，妈妈明天给你多备瓶水。你呢，水喝完了，要记得及时补充。”

小棠不好意思地笑了：“妈妈，我当时口渴，把这事忘了，以后我会记住的。”

很多时候，遇到特殊情况有些习惯还是很容易被忘记，我们要做到的就是及时提醒。如果小棠妈妈不管不顾，看到小棠就训斥一通，小棠有可能产生逆反心理。小棠妈妈发现问题后，等待孩子把最想倾诉的话说完后平静下来，才提出要求和建议，这样小棠就比较好接受了。

很多时候，批评打骂没有效果，家长要细致地观察，采取适时的点到为止的教育策略。

4.2.2 不对着水龙头喝水

> 孩子的某些行为并不一定是故意而为之的坏行为，有时候仅仅是因为好玩，或出于从众心理。家长一定要注意甄别，用孩子容易接受的方式处理，绝不能让孩子处于父母的对立面。

学校对面是一个小公园，放学后，孩子们都喜欢在这儿玩耍一会儿再回家，小焦也不例外。

这天放学后，小焦照例和几个同学到小公园疯玩，接送孩子的妈妈很自然地聚在一块儿聊天。玩了一会儿，也许是因太热而口渴，也可能是别的原因，几个孩子竟然轮流趴在水龙头上喝起了水。虽然书包就在旁边放着，里边有水杯或瓶装水，但孩子们好像都忘记了，有瓶装水的可以喝瓶装水，即使没有，也可以用水杯装水。

小焦妈妈看见，赶快上前制止，公园中的水是完全达不到饮用标准的。孩子们一看有妈妈制止，嘻嘻哈哈地跑开了。

当然，家长们心里有数，关于今天的事情，孩子回家少不了要受一顿教育。

小焦妈妈则一直在思考，到底怎样才能让孩子记住，公园中的水不能直接饮用，即使能饮用的水，也不能直接对着水龙头喝。

谁知，回家路上，小焦直接和妈妈承认错误："妈妈，我今天不应该喝公园里的水。我知道，我们在看《公园里的声音》绘本的时候，你提到，不能随便喝外边的水，尤其是公园、园林里边浇树、浇花的水都是未经处理的中水，达不到饮用标准。"

"哦，那你今天为什么还要喝呀？"妈妈扬起了眉毛。

看妈妈没有责备的意思，小焦不好意思地说："成成说，谁不敢试一试，谁就是胆小鬼，以后大家都喊他胆小鬼。"

"那趴在水龙头上喝是谁的主意？"妈妈佯装知道地问。

小焦一下子转移了注意力，问："咦，妈妈你怎么知道是有人出主意？"

"你先告诉我，我再告诉你。"妈妈卖关子道。

"当然是旺旺了。他和成成最好，两人总是一唱一和的。"

小焦妈妈彻底明白了小焦今天的所作所为，孩子不是不明白、不记得自己平常的教育，只是在小团体活动中的一种从众心理。但是，关于这样的从众心理，必须让孩子从小就认清楚什么时候能从众、什么时候必须拒绝。否则，如果以后遇到比较大的事情怎么办？见微知著，就是这个意思。

"谢谢你今天主动和妈妈说这些。"小焦妈妈摸了摸小焦的头。

"妈妈，我以后再也不乱喝水了，也不乱趴在水龙头上喝水了。"小焦认真地说。

"哦，真能做到？如果再遇到别的同学言语相激，你怎么办？"小焦妈妈又扬起了眉毛。

看到妈妈标志性的动作，小焦知道，妈妈没有真的生气。

"我会反对，如果反对无效，先走开。"

"对，如果解决不了，还可以告诉妈妈和老师。"

小焦妈妈笑了，看，通过今天的小事，孩子已经知道，以后遇到不该做的事情该怎么处理了。

4.2.3 和“三无”食品说“拜拜”

> 孩子在外自主购买东西，这是迈出独立的第一步。我们要做好的是如何保驾护航，切不可一味责骂呵斥，激起孩子的逆反心理，破坏亲子关系。要么把问题扼杀在萌芽状态，要么和孩子分析利弊，让孩子引以为戒，学会正确的处理方式。

学校附近有许多小商店，上下学的时候，门口总是围着许多小学生。今天妈妈接湾湾回家，竟然看到湾湾手里也拿着几包巴掌大的小食品。

一看到妈妈，湾湾就高兴地说：“妈妈，这个可好吃了，我们班好多同学都买了，这还是我同桌给我的。”

“看配料表了吗？”妈妈问。

“没有。不过它真的很好吃，很多同学都买了，应该没问题的。”湾湾不高兴地说。

妈妈拿过一包仔细一看，包装上竟然没有任何的生产厂家、生产许可之类的标志。这是明显的“三无”食品呀！

妈妈把湾湾手里所有的小食品都收了起来，说回家再吃。

到了家里，妈妈拿出在超市购买的食品，让湾湾仔细看一看包装上都有什么信息，再看一看自己手里的小食品，问道：“有什么区别？”

接着，妈妈又找出中央电视台关于“三无”小食品生产的节目，让湾湾观看。

“咦，真恶心，好多苍蝇。”妈妈故意吃惊地说。

“那些颜色，都是色素。呕、呕、呕……”瞬间，湾湾觉得自己手里的小食品不香了。湾湾恶心地跑到卫生间，恨不得把吃进肚子里的小食品都吐出来。

孩子在刚开始学会购买东西的时候，虽然父母教过这方面的知识，但都属于纸上谈兵，再加上从众心理，周围的人都说好，孩子会感到非常好奇，就容易扎堆购买。

好在，湾湾妈妈非常理智，没有直接强行制止，而是让孩子自己对比，用事实说话。再加上视频带来的强有力的视觉冲击，估计湾湾不可能再想吃“三无”食品了。

4.2.4 警惕孩子因好奇品尝药物或其他危险品

> 一年级的孩子仍然需要父母的关注，孩子有时候做的许多事情非常可笑，而且非常危险，这需要我们不断引导。我们在和孩子讨论问题的时候，一定要讲清楚，不能讲个大概，孩子听得糊里糊涂，再次遇到问题时还会再犯同样的错误。

午休的时候，湾湾没有睡觉。看孩子抱着玩具看书，妈妈想着，就让孩子自己玩吧，反正午休也不会多长时间。

谁知，妈妈才睡没多大会儿，突然被惊醒，怎么湾湾在哭泣？

妈妈起来一看，湾湾整张脸变得通红，眼睛也红红的。妈妈赶紧摸了摸湾湾的额头，有点热，但也不像发烧。午休前湾湾还好好地在看书，这到底是怎么回事？

妈妈一边准备证件，一边观察湾湾的情况：就几分钟的时间，湾湾的脸色变得更红，嗓子都有点哑了。

突然，妈妈看到湾湾的手指上好像有些红色，赶紧问湾湾到底是怎么回事。

湾湾才指了指自己的衣兜。

湾湾妈妈掏出来一看，天呀，竟然是奶奶的降压药。

湾湾说，看奶奶天天吃，红红的，他就尝了尝，甜甜的，不知不觉就吃下去了。

到医院看了急诊，还好，湾湾只吃了两片，不必洗胃，等药效过去就行了。

这件事给湾湾妈妈留下了深刻的印象。她一再反思自己，以往虽然反复对湾湾说不能随便吃药，可从来没有和孩子好好说这样做的后果。正是因为自己的疏忽，才导致孩子误食药片。湾湾妈妈决定，要好好给孩子科普有关药物与人的健康的相关知识。

4.3　教给孩子校外安全知识

> 除了学校的安全教育，父母也要不断地教给孩子人身安全知识。对于小学生，父母不要期望只说一次孩子就能完全记住一类事情，要不断地告诉孩子一些要避免的详细场景，孩子才有可能真正地明白，这个世界上不是只有美好。

4.3.1　不给陌生人带路

> 儿童的教育，最重要的是家庭教育。任何时候，都必须让孩子知道，人身安全最重要。只有在保证人身安全的前提下，才能去做一些力所能及的事情。作为小学生，本身就是弱势群体，没有义务“帮助”比自己强大得多的陌生人。

小义看到妈妈来接自己放学，非常兴奋地讲今天遇到的事情：

“放学后，我们班排队出来，走到队伍解散的地方，队伍都散了，我和俊俊正准备回托班。这时候，路边儿有个老奶奶，非常可怜地请求我们帮忙，说自己崴脚了，让我们帮忙把她送到位于旁边小区的家里。托班老师看见了，让我们跟着托班队伍回去，她来帮助老人。”

小义说得兴奋，妈妈却听得心惊肉跳。

“小义，你和俊俊能有帮助别人的爱心，同情他人，非常好。”

“妈妈，你想说什么？”小义非常敏感。

“老奶奶让你们帮忙的时候，旁边有大人吧？为什么她不向大人求助？你们两个一年级的孩子，能扶得动一个老年人吗？”

小义陷入了沉思。

“妈妈，你是说，这老奶奶可能说谎了？”等了一会儿，小义问。

“小义，你和俊俊没去过旁边的小区吧？一个老年人怎么会向一年级的孩子提出这样的要求，她考虑过你们的安全问题吗？”

小义听完后重重地点了点头。

“妈妈不能确认老奶奶就是坏人，但你们一定要记住，不能贸然和陌生人到陌生的地方。任何时候都要记住，你们还是孩子，没有老年人向孩子求助的道理，何况周围还有那么多成年人。”

“我知道老师为什么不让我们去了。”

是的，我们一定要让孩子从小知道，作为儿童的他们才是弱者，才是最娇嫩的花，任何成年人都比他们有优势，哪怕是老年人。让孩子明白，生活中不都是美好，绝不能给任何人利用孩子的善良的机会。

4.3.2　不随便搭乘陌生人的车

孩子的安全教育都是一点一滴积累起来的。儿童年龄小，生活经验少得可怜，还不会融会贯通。可能你交代过不能独自和陌生人外出，他就记住了这样的事情。但是，遇到陌生人搭讪、寻求帮助时，他可能就不知道该怎么做了。所以，家长在教育孩子的时候，不要怕麻烦，要把可能会发生的每一种危险，尽可能详细地告诉孩子。

采采给妈妈讲了一件事："今天我们三个走路到学校（只有两个街口），刚走过第一个街口，等红灯的时候，后边过来一辆面包车，车上的一个叔叔向我们招手说，他是去学校的，可以让我们搭车。当时雯雯还说，就坐叔叔的车吧，一下就到了。我和萍萍都不愿意坐，最后我们走到了学校。"

采采妈妈听了，暗自庆幸自己很早就把这方面的安全知识教给了孩子。

采采很小的时候，妈妈带采采外出时就反复告诉采采，如果和妈妈走散，一定要向警察叔叔求助，不能接受陌生人的任何东西，尤其是吃的、喝的，更不能和陌生人到陌生的地方。

妈妈还给采采讲过附近发生过的一起案件：

一个三年级的女孩独自回家，在路上，她轻信了陌生人的话，被陌生人带走，家人被勒索。后来女孩受到很多磨难，最终才回到家。

现代社会的治安条件很好，但我们要让孩子明白，仍然可能会有潜在的危险因素。要让孩子提高警惕，保证自身安全。

4.3.3 不把家庭信息透露给陌生人

> 从孩子上小学开始，就已经进入半社交状态。这时候，家长一定要警惕孩子的对外交往，提前教育孩子，不仅要保护好自己，还要保守家庭的秘密。绝不能对外随意透露自己的家庭信息，不管是出于何种目的、以何种形式。当然，在遇到陌生人打听情况时，请告诉孩子尽快离开或告诉老师、家人，或者请求警察叔叔帮忙。

今天小雪妈妈领着小雪不动声色地看了一场戏：

下午，小雪妈妈接小雪放学，在离学校不远的地方围了一群孩子。人群中间，三四个衣着时尚的男女正在激情昂扬地给学生发表演说，大概意思就是他们是电视台的，准备招募小演员，需要先登记，然后审核，通知学生参加面试。只要填了他们的报名表，就可以参加面试，并且可以领到精美的礼品，女生的礼品是芭比娃娃，男生的礼品是仿真玩具。

小雪妈妈从领到表的学生手中看了一下，大概就是姓名、性别、家庭住址等。

围观的小学生很多，大多数是高年级的孩子，尤其是女生都在兴奋地询问，低年级的学生一般都是昂着头看热闹。

因为正是放学时间，家长也比较多。很多家长看了之后，有的摇摇头走了，有的比较气愤要报警，有的只是围观看热闹。

因为围观的人比较多，很快，学校安保人员就来了。看到这种情况，这几个人急匆匆地收拾东西，灰溜溜地走了。

人群散去，小雪还依依不舍：“妈妈，这些人怎么走了？我还没有领娃娃呢！”

“还记得在安全教育网上面看到的一个小朋友在家，坏人要孩子开门的视频吗？”小雪妈妈问。

“记得呀，单独在家里，不能随意给陌生人开门。”小雪没有明白妈妈的意图。

“那，坏人是怎么知道只有孩子在家的呢？”

“妈妈，我明白了，不能随便写自己家庭的信息，即使能换喜欢的娃娃。”

低年级的孩子就是这么单纯。很多事情，家长不要怕麻烦，或者以为孩子知道，一定要把细枝末节都交代到。

4.3.4 不随便答应帮陌生人拿东西

> 孩子的本性是善良的，看到的都是美好，接受的教育也都是助人为乐、热爱生活，这本没有错误；但是，生活并不是完美的，也会有不好的地方。我们要让孩子知道生活中还会有丑陋，要尽量避开，遇到问题可请求家长、老师等可信任的人帮忙。

小雨和妈妈待在派出所，一直到半夜才解决完事情回家。起因是小雨好心做了坏事。

今天学校开家长会，学校准备得很充分，小雨作为学生干部在大门口迎接家长。家长会陆续结束的时候，有个年龄比较大的妇女说自己是三年级五班胡同学的家长，刚才出校门时忘了把自己的粉色小电动车推出来，钥匙还在车上插着，自己的参会卡已经交了，请小雨帮忙把车子推出来。

小雨一听，有道理呀，车子什么样子、锁没锁都说得清清楚楚。助人为乐，是做好事，于是小雨就高高兴兴地跑到车棚中推出小电动车，交给了这位妇女。她完全没思考，门口有执勤的保安，为什么妇女要找一个孩子帮忙？即使是参会的家长，也是绝对不允许外来车辆进入校园的。

放学的时候，有一位教师的小电动车不见了。一查监控，原来是小雨推出去的，并交给了一位上了年纪的妇女。听小雨讲述了事情的原委后，老师直接报了警。

最终那位妇女受到了处罚，但这件事也让小雨受到了教育，即使帮助别人，也要先考虑清楚能不能帮助。像上述的事情，小雨完全可以让老奶奶直接和保安交流，而不是直接答应她。

小学生毕竟年龄小，考虑问题不会很周到。家长在平时的安全教育中，一定要注意结合一件件的小事，让孩子理解什么事情能做、什么事情不能做、什么事情可能存在陷阱。

如果孩子遇到自己不熟悉或不能决定的事情，一定要先和家长或老师沟通。否则，好心可能会办坏事。

4.3.5 不乱骑共享单车

> 法律规定，12 岁以下的儿童不可以在公共道路上骑自行车。现在满大街都是共享单车，家长一定要注意，为了孩子的安全，一定要教育孩子不骑共享单车。

曾经有一段时间，大街上的共享单车的车锁总是遭到破坏。经过调查，确实有一部分是小学生所为。虽然小学生是未成年人，可以不负法律责任，可是孩子随意搞破坏，家长的教育、监护责任是怎样履行的呢？

现在路上车辆多，孩子年龄小，如果孩子骑共享单车出了事故，又是谁的责任呢？

小向的妈妈至今还在后悔，没有好好地管教小向。

小向很调皮，很早就会骑车。路上车多，妈妈不让小向随便骑。小向就打起了共享单车的主意。小向每周都要偷偷骑上几次，可妈妈竟然没有发现。

有一天，小向又骑了一辆共享单车，还学着别人撒开把手。谁知道正骑着得意的时候，迎面一辆汽车高速冲过来，小向为了躲避汽车，只好猛转弯。可是他慌慌忙忙的，没扶好车把，车子倒是急转弯了，自己却狠狠地摔了一跤，嘴磕破了，门牙也掉了两颗。

所以家长一定要注意，当你制止孩子做一件事情以后，不要以为事情就结束了，要严格观察孩子的动向，看孩子是否真的执行。要在小学阶段，好好地教育孩子，不让孩子有任何陷入危险的可能。

4.3.6　不闯红灯或翻越护栏

> 家长一定要好好教育孩子（尤其是家长不接送的孩子）遵守交通规则，上下学的路上，不能随意闯红灯、抢黄灯、横穿马路、翻越护栏。家长可以适当地抽查或监督孩子，千万不能认为自己交代过，孩子就会执行，不能让孩子放任自流。

小鲁妈妈今天要到医院探望小鲁的同桌，小鲁磨磨蹭蹭地不愿上学，也非常想去医院。

昨天放学，小鲁和几个小伙伴一路飞奔，几个人打打闹闹。后来，不知道是哪一个先开的头，为了走近路，竟然直接跑到马路中间，翻越护栏过马路。小鲁几个人一看，纷纷跟着学。于是，马路中间的快车道和护栏成了几个孩子游戏的天地，他们也不急着回家了，在路中间翻过来翻过去。

小鲁的同桌有点胖，攀护栏的时候，不小心摔倒在地上，磕裂了膝盖。值得庆幸的是，当时是中午，路上行驶的汽车比较少。就这样，小鲁的同桌住进了医院。

小鲁他们算得上是幸运的了。事实上，因违反交通规则而出现的交通事故太多了，其中很多受害者是学生。

不久前发生的一起交通事故，受害者也是一个学生。

当天中午放学，一个孩子急匆匆奔出校门。横穿马路的时候，他没有看路上是否有行驶而来的车辆，没看红绿灯，也没有减速，而是直接跑着横穿马路。正好这时是绿灯通行时间，所有车辆的行驶速度都很快。这个孩子就被正常行驶的汽车直接撞倒在地，碾轧在车轮下，瞬时口鼻出血，很快失去了生命。

危险到来，往往就是一瞬间的事情。所以，家长要把对孩子的安全教育放在重中之重，让孩子时刻意识到，这是关乎生命安全的。虽然需要时时刻刻遵守规则，可是当这些规则像吃饭睡觉一样，自然融入我们生命中的时候，还有什么为难的呢？

最重要的，也是最困难的。家长一定要有耐心，好好地对孩子进行两三年的安全教育，让这些规则、观念融入孩子的骨血里，为孩子的健康成长保驾护航。

4.3.7　不在雪后的马路上聚众玩耍

雪后的马路，如果没来得及清扫的话，会变得光溜溜的。在上边玩耍，不仅可能影响、伤害别人，也可能伤害自己，更重要的是其中潜藏着安全隐患。即使孩子看到雪很兴奋，也要尽量找宽敞、不影响行车的地方玩耍。

玩雪可能会伤害别人。

雪后，马路上被车轧过的路面光溜溜的。

一群十多岁的孩子跑到马路上溜冰，远远地看到有人来了，立即分开两边站好，一齐望向来人。

这次走过来的是一个三四十岁的脸冻得发红的健壮妇女，等她走到近处：十米，八米，六米，哈哈哈——哈哈哈——突然两边同时爆发出莫名其妙的大笑声，妇女左看看右看看，突然脚下一滑，两脚一前一后向前滑去，身体却向斜后方倒去，两手徒劳地挣扎着，想去抓摸什么，却还是结结实实地摔了个屁股蹲。

孩子们一哄而散，妇女挣扎着站了起来……

玩雪可能会伤害自己。

五六个孩子欢快地在结冰的路面上玩耍，你追我赶，完全不顾路面湿滑，跌跌撞撞地追上了玩伴，还要拉着互相拽来扯去。结果，在追赶过程中，帅帅摔倒了，诺诺等人跟在后面也都停不下来，接连摔倒，全压在了帅帅的身上。而诺诺，因为在最后，速度又快，冲过去的时候，直接趴在了最上边，然后由于惯性，又滚出好远。

等到旁边的人把几个孩子扶起来，孩子们多多少少都挂了彩，伤得最严重的就是最下边的帅帅和最上边的诺诺。

帅帅在最下面，承受了几个人的重量，还是脸朝下摔倒的，磕破了嘴，摔伤了胳膊，腿也一瘸一拐的。诺诺好一点儿，只是扭伤了脚。

下雪的时候，孩子们都会比较兴奋，即使平时很安静的孩子也不例外。因此，我们要提醒孩子尽情玩耍的同时，要注意安全问题。

一般这时候，对于孩子的安全警告都不太起作用了。那么，家长一定要教育孩子，不能在马路上玩雪。虽然下雪后路上车辆会比较少，但这时候车辆会更不好控制，容易发生危险。

下雪路滑，人很容易摔倒。孩子不能扎堆看别人的笑话，更不能使别人陷入危险的境地，这是不道德的。

即使打雪仗，也要在雪松软、地面不滑且开阔的地方玩，不能选择在马路上。

平时自己回家的孩子，在雨雪天气，家长应尽量接送，避免孩子发生危险。

4.3.8 不到水渠河边

> 水火无情，孩子生活体验少，感受不到身边那么多的危险因素，也不知道其危险性。家长最好经常让孩子看一些安全教育片，给孩子讲一些真实的案例，让孩子对水产生敬畏。

有过几次与水打交道的经历，小攀和妈妈算是真正领教了水的威力。

第一次是妈妈带小攀旅游。在浅海区，虽然戴着游泳圈，可是那一天有风，浪很大。在水中随着海浪漂浮而不能掌控自己的感觉，吓得小攀和妈妈赶紧借着水势回到了岸上。

第二次是在青岛的五四广场，小攀和妈妈正靠在海边的栏杆上拍照。一个浪头打来，几丈高的海浪劈头盖脸地浇下来，人瞬间被浇了个透心凉。那种心有余悸的感觉让母子两人很长时间都缓不过来。

如果说前两次都是在比较特殊、没有太大危险的情况下，那么，第三次可谓真正给小攀上了一课。

春天，妈妈带小攀到黄河边兜风。

此时，黄河水才开始上涨，岸边有很多滩地。妈妈很早就听说，黄河边的滩地都是可以种庄稼的，所以也没有考虑到危险问题，就和小攀一块儿在滩地上玩。

从小父母都会告诉我们：黄河有很多淤泥，千万不能到黄河里游泳。如果掉进黄河里，人很少能被找到，即使侥幸被找到，也至少在几百里之外了。黄河表面上看着很平静，下面水流却很湍急，特别是水里有水流冲击的一个个深坑，形成了一个个漩涡。黄河的堤坝看上去很平整，但人也千万不要走到边上去。表面平整的堤坝下面已经被冲成深坑了，人踩下去，就会发生危险。

小攀妈妈早就把这些安全知识告诉了小攀。出于对黄河的敬畏，小攀和妈妈只敢远远地看看。

因为是在滩地，所以也没顾忌那么多。玩了一会儿，走累了，妈妈停下来挖野菜。小攀看到滩地上有水盆大小的一块地，里边有很少的水，还有几条小鱼，小攀很开心地蹲下来捉小鱼，还踩着水。

可是，刚踩了几下就发现，这块地上的水竟然越来越多，地也在往下陷。很快，小攀吓得脸都白了，赶紧喊妈妈。

妈妈听到小攀的喊声，赶紧把小攀拉了出来，匆忙离开了。发生这样的情况，如果是一个人，根本没办法自救，后果将不堪设想。

河堤塌陷是很可怕的，河边的滩地也潜藏着这样的危险。

还记得看影视剧中发生特大暴雨的时候，虽然看上去水并不太深，可被水流冲走的人，需要好几个人合力才能拉住。所以人在水中，哪怕是在很浅的急流中，也是很难站稳的。

孩子应从小知道这些危险因素的存在，远离危险，安全成长。

4.3.9 不随便玩火

> 孩子总是充满好奇心的，往往你越是禁止他做什么，他越渴望尝试什么。最好的办法就是家长带领孩子去体验，或者通过视频、书籍等了解，千万不能用“不”打发孩子。简单的禁止只能促使孩子在成年人看不到的地方行事。

一个周末的下午，妈妈在做晚饭，小凌和邻居家的小伙伴在卧室里玩。

好长时间都没听到两人的动静，妈妈不放心，隔一会儿看一下，或者大声问他们有没有什么需要。

后来再问的时候，明显感觉小凌的声音有些紧张。小凌妈妈有些疑惑，不会是两个孩子在淘气吧？

小凌妈妈推开卧室门，只见两个孩子有些慌乱，好像在隐藏什么。可是，妈妈四处看看，又没有发现什么，于是，摇摇头，对孩子笑笑说：“再稍等一会儿就开饭了。”

小凌妈妈又去做饭了，可是，怎么烟雾报警器响了起来？仔细看看厨房，自己一直都在，没有意外发生。

“糟糕！”小凌妈妈想到两个孩子的紧张表现，一定有问题。

小凌妈妈三步并做两步冲到卧室，只见两个孩子还在往床上盖被褥之类的东西，可是，床上有丝丝缕缕的烟冒出来，这是怎么回事？！

两个孩子看到小凌妈妈过来，将目光锁定在床上，都不由自主往后退了退。

小凌妈妈快速掀开被褥一看，被子已经被烧了好大一个窟窿，显然已经点着好一会儿了。顾不得质问两个孩子，小凌妈妈迅速把被子团作一团，弄到卫生间用水浇灭。

小凌妈妈安抚好两个孩子，在孩子吃完饭后，才开始解决今天的事情。

“孩子们，来，我们一起来看个短片。”

小凌和小伙伴一下子兴奋起来。

小凌妈妈先放了关于火灾的安全教育视频，两个孩子都有些不安，大概是想到了今天的所作所为，害怕受到小凌妈妈惩罚。

小凌妈妈没有说什么，又放了关于家庭火灾的视频片段，两个孩子震惊了。

“妈妈，这是真的吗？”小凌问。小伙伴也睁大眼睛，静静地等待答案。

小凌妈妈重重地点了点头：“是的，这是真实的事件，因为疏忽，小小的火苗最终引发大火，造成人员伤亡、财产损失的悲剧。”

听了小凌妈妈的话，两个孩子陷入了沉思。

看到两个孩子的反应，小凌妈妈没有苛责他们，只是搂着两个孩子，告诉他们：“这是真实的记录，往往你们认为的玩耍，会带来难以预测的危害，以后父母禁止的事情，你们千万不要再偷偷做了。出现问题，一定要及时告诉家长，尽早解决，把危害控制在最小。像今天的事情，你们应该一开始就告诉我。幸好家里有烟雾报警器，我及早发现了，否则后果不堪设想。”

任何时候，若家长发现孩子闯祸了，一定要尽快解除危险、安抚孩子，然后用行之有效的方式给孩子补上缺失的教育。

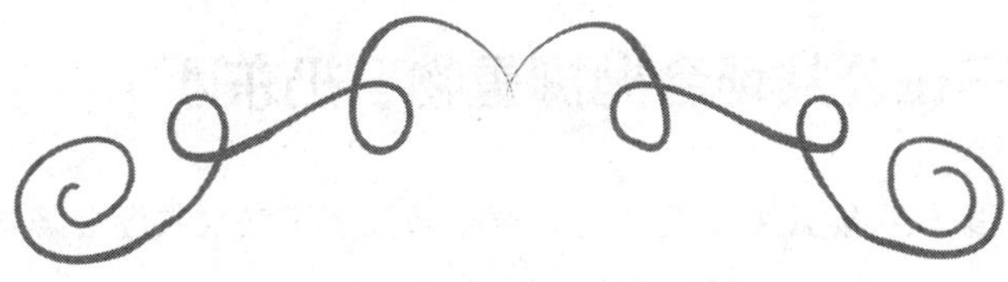

第5章 教育孩子远离危险的游戏

我接触过很多孩子、很多家庭，目睹了许多奇奇怪怪，甚至可以说匪夷所思的事情。其中最多的，也是最让人伤脑筋的就是安全问题。虽然国家一直很重视安全教育，但因为孩子的天性，以及家庭教育方面的不足等多种原因，安全问题还是很多，这很令人痛心。最好、最安全的方法还是要加强对孩子的安全教育，尤其是家庭更要重视安全教育，让孩子从小明白安全的重要性，远离危险。

5.1 不在公共场合抛掷重物、扔东西

> 家长不能轻视安全教育，要教育孩子不在公共场合随意抛掷重物、扔东西，否则有可能伤害别人，造成难以估量的损失，也有可能给家长造成沉重的经济负担。

事情过去了很久，可我只要想到当时的情景，还是会惊出一头冷汗。

一天中午，我去接孩子放学。在离学校几百米的地方，几个男孩子正追逐着打闹、奔跑，全然不顾来往的人流和车辆。

我本能地带着孩子躲避，并没有仔细去看他们到底玩的是什么。因为我知道，作为路过的家长，我对这几个孩子根本没有威慑力，除非是他们的爸爸妈妈或者老师上前制止，他们才可能收敛。

我艰难地穿行在他们中间，突然听到一声"起"，一个矿泉水瓶擦着孩子的头飞过，我霎时惊得站在那里，仔细看滚远的瓶子，里面装满了水。我抱紧孩子，对那几个孩子怒目而视。周围几个家长也停了下来纷纷指责他们。或许是看到自己差点惹了祸，几个孩子吹着口哨，嘻嘻哈哈地跑掉了。

当天下午，这件事就被反映到学校，这几个孩子及其家长都接受了安全教育。更重要的是，由学校牵头、家委会配合，这些家长作为志愿者，开展了为期一个月的校外安全教育宣传工作。

安全无小事，当我们发现任何安全漏洞，都要及时去处理、去解决，绝不能任事情扩大化。

这样的事情时有发生，各种新闻媒体也常常报道类似事件，但如何让孩子远离这样的游戏，一直是个难题。即使学校再三强调，学生在学校受到严格管理，但这样的年龄，总有个别调皮的孩子，喜欢释放好动的天性，只要一出校门，就像一匹脱缰的野马。

我们不提倡压制孩子的天性，大教育家叶圣陶先生也反复强调不要压制孩子的天性。这我们都能理解，但关键是，这样的释放天性，威胁到了别人的安全。任何人的自由，都必须在规则之内，包括小孩子，必须让他们明白运动要选择场合，也要注意安全。

有人可能会问，这样的事件是不是只有在小城市才可能发生？不是的，据统计，很常见的小学生安全事故，不管是在大城市还是在小城市，都时有发生，因为孩子调皮好动的天性是一样的。

儿童教育本来就要学校、家庭、社会相结合。尽管学校能帮助孩子建立安全意识，但最主要的还是家庭的教育，其中包括自身的安全意识和不对他人造成伤害的意识。

每年我们都能在媒体上看到，楼上有人随意抛撒垃圾造成他人人身损害的事件。当然，有的是孩子所为，有的是成年人所为。所以，家庭安全教育还需引起家长的重视，尤其是家长，不仅肩负着教育孩子的重担，还要成为孩子行为的榜样。

每年寒暑期的防溺水安全教育，不仅要在网络安全教育平台进行学习、测试，放假前学校还要下发《致家长的一封信》。假期中班主任不定时进行短信提醒，新闻中也在报道注意事项。即使这样，每年还是会发生一些令人痛心的事情。

我们一定要重视安全教育，轻视安全教育会给孩子造成错觉，他们会觉得做什么都无所谓，等到真酿成大祸，说什么都晚了。

5.2 不在室内、走廊玩追击游戏

> 安全无小事。你每教给孩子一项新的安全知识，就为孩子的健康成长多上了一层保险。孩子掌握了安全知识，就等于佩戴了护身符。

教育部规定：中小学要保证孩子每天 30 分钟的大课间活动。评论区一下炸了锅。有人说，不仅如此，课间 10 分钟也要保证；有人说，孩子一天到晚学习时间过长，需要保证大课间活动和体育课；还有一种比较客观现实的意见：有了更多的户外活动，安全怎么保证？

我们暂且不说大课间活动的问题。中小学，尤其是小学生的安全问题，一直是教育工作的重中之重。据我所知，有小学生的家庭，每学期都在学生安全教育平台进行学习，多次收阅《致家长的一封信》，内容包括防溺水、交通安全、防传染病安全知识等；在学校里，从校领导到班主任、科任教师，都要签订《安全目标责任书》。在这样的情况下，谁敢轻视学生安全教育？

可是，孩子的安全问题还是时有发生。最难以杜绝的就是孩子的追逐打闹、玩追击游戏。

鹏鹏班上就出现过这样的事情。

事情的起因很简单，辉辉带了一种新出的游戏卡，并拿出来炫耀，几个小男生看得眼馋，争着抢着要看一看，可辉辉心疼自己的卡片，只愿意自己拿着让别人看。辉辉调皮的同桌可不愿意了："辉辉，你太不够意思了，我今天一定要看。"辉辉一听，站起来就跑，同桌在后边追。另外几个男生一看，也跟着追。

几个孩子从教室跑到走廊，又从走廊返回教室，折腾了几次。

最后在辉辉又一次从教室往外跑的时候，一个趔趄，他后脑勺竟然重重地磕在门框上，脑后当即磕开一个大口子，鲜血立即涌了出来。好在经过治疗，孩子并没有什么大碍。

不要苛责孩子们，毕竟小学生精力无穷，活泼好动，对什么都好奇。当看到有人追逐打闹的时候，他们本能地想去凑热闹，这时候，校规、班规统统忘得一干二净。

通常，孩子们在课间有秩序地到卫生间、去接开水、准备一下上课的课本，也就是稍微活动几分钟的时间，在老师提前候课的情况下，不会有什么意外情况发生。可那天偏偏是个例外，所有的老师都在参加课间紧急会议。

好在，孩子没有大的问题，这是最值得庆幸的事情。否则，真不知道该怎么善后了。

很多事情，不深入了解，真的不知道需要注意什么，也不知道教师日常所做的工作有多琐碎。作为家长，我们一定要注意，教给孩子所有应该注意的安全常识。

事实上，在和很多家长聊天的过程中，我发现一个可怕的事实：很多家长，并没有觉得安全教育平台的学习有多么重要，只是把它当成学校布置的一项工作来做。本来是要求孩子先学习，再做题测试，可是家长往往怕麻烦，自己三下五除二地完成任务，给老师交差，还要抱怨："老师事儿真多。"更有的家长，还要老师多次催促才去完成，更不要说让孩子学习了。

人的一生有无限可能，也会遇到许许多多的意外。孩子掌握了安全知识，就等于佩戴了护身符、多了一层保障。爱孩子，就把最重要的东西教给孩子。

5.3 不玩橡皮筋崩纸团

> 祸事没有发生，是0。但如果发生在自己身上，就是100%的伤害。所以一定要百分百地重视安全教育。

四年级同学小新眼睛失明的消息，像风一样，迅速传遍了整个校园。校领导、老师们迅速组织学生召开安全会议，生怕再出现类似的事情。

尽管救治得很及时，小新的右眼还是留下了后遗症，只能看到微弱的光亮。事情最终虽妥善处理了，但对小新来说，其内心不可能不留下伤痛、彷徨，还有自卑。小新的家长，心中也不可能没有伤痛。而肇事者，再怎么年龄小，也不可能不在内心留下对同学永久的愧疚。

事情是这样的，放学后，小新和同学一块儿回家。在路上，几个同学玩闹起来，不知道谁先开始的，把纸叠成几层厚的长方体状的纸团，再把纸团放在橡皮筋上，向后一拉，像拉弓箭一样，猛地松开，纸团“嗖”的一声飞出去老远。同学们一看，挺好玩的，于是，你也拉着皮筋弹，我也拉着皮筋弹，好不热闹。谁知，没多久，猛然听到“啊”的一声，只见小新捂住了眼睛。

这样的事，我已经不是第一次听说了，简直数不胜数。对于小学生来说，一切都可以成为玩具，他们一旦兴奋起来，真的是不管不顾，或者说，压根就没往安全上考虑。

一般来说，有经验的老师会限制孩子带一些具有危险性的东西进入学校，并反复提醒家长要注意。

就像雨天的时候，学校建议小学生穿雨衣，而不是打伞一样。毕竟小孩子，个子有高有矮，雨天视线不清，孩子又容易激动，甚至可能拿雨伞当玩具，在团体生活中，发生磕磕碰碰在所难免。家长可以想象一下，你家的客厅中同时有三个人举起雨伞，会感觉怎么样？何况一旦孩子进入学校，可能相当于你家的客厅至少有十多个孩子同时举着伞。

我在孩子刚上一年级的时候，最怕下雨天了。因为并不是所有的孩子都穿雨衣上学。由于教室一般都是在楼上，我最担心拿伞的孩子不管不顾将伞尖朝前，这对于迎面走来的孩子，尤其是低年级的孩子来说，真的非常危险。因此，每到雨天，我都要反复交代孩子们，看好路，靠右行，不争不抢。

我们都有这样的经验：家里有一两个孩子的时候，还相对安静。一旦超过三个，就会有乱糟糟的感觉。是的，同龄的孩子凑在一块儿，最容易花样百出，“特别的玩具”也是不断更新。所以家长一定要当心，遇到危险的玩具，从根源上斩断，并且教育孩子远离危险的游戏。

这么多年来，在与孩子相关的安全事故中，我见过最多的就是伤到眼睛的事件，结果都不太理想，无论给当事人还是受害者，都造成了沉重的打击。所以，我们一定要引以为戒。

5.4 不玩带火药的玩具或干燥剂

> 安全无小事，只有家长真正重视起来，和学校一起努力，才可能为孩子构建安全的成长空间。

每次看到新闻上关于孩子被炸伤的消息，我都深感无力。在孩子的成长过程中，存在太多的不确定性。家长一定要小心再小心，对这些事情不能看过就了事，而应该在日常生活中就教给孩子哪些能碰触、哪些必须避开。凡是安全事故的发生，都与家长的重视程度不够，安全教育做得不到位有关。

过年时，几个孩子在小区里放鞭炮（当时还未禁止燃放鞭炮）。孩子们很兴奋，常规的方法已经不能满足孩子们寻求刺激的心理，他们出了好多新主意：把鞭炮放在瓶子里、埋在雪堆里……这些新奇的玩法给孩子们带来一阵阵的欢乐。得到极大心理满足的孩子们，终于按捺不住雀跃的心情，开始寻找更强烈的刺激。

当时没有成年人在场，有的孩子通过缝隙，把鞭炮塞进下水道，突然惨叫声一片，粪便漫天。等一切安静下来的时候，人们才发现有个孩子残缺着身体趴在地上，他的亲人哭得撕心裂肺……

事实上，这样的事情本不应该发生。稍有安全常识的孩子都知道，下水道中集聚着大量的沼气，极易发生爆炸。如果不接近易燃物品，就不会出现这种惨烈的事件。可悲的是，几乎每年都有这样的事情发生。

我曾听一位老师讲过一件事。一个三年级的孩子瞒着妈妈，偷偷带着装有火药的玩具手枪，在卫生间内玩耍，一不小心把右手三个手指炸得鲜血淋漓。

这样的事情，给家长们提了醒，孩子的零花钱到底是怎么处理的，家长必须心里有数。孩子的反常行为和特别的玩具，家长一定要关注，及时发现潜在的危害。

还有一个孩子，将食品包装中的干燥剂投入水杯中，结果瞬间发生爆炸，炸伤了自己的眼睛。这些给家长提了醒：在给孩子们买学习用品或玩具的时候，一定要当心，这些产品的安全是不是过关、有无有害成分，并把这些知识教给孩子。尤其是食品包装中的干燥剂，更是要尽早地告诉孩子，不能将其投在水中。现在网络资源很多，稍微在网上搜索一下，就能找到这方面的教育视频，内容非常直观，孩子稍微具备这方面的知识，就不会有类似的事情发生。同样地，现在有一些自热包类的食品，家长也要注意。

安全无小事，只有家长真正重视起来，和学校一起努力，才可能为孩子构建安全的成长空间。

5.5 不带美工刀去学校

> 任何时候，我们都不能对孩子的安全掉以轻心，应认真地和孩子学习安全教育平台上的知识，多费点儿心思照看孩子，尽量把危险降到最低。

孩子天性好奇。对于小学生，尤其是一二年级的孩子来说，不知道的东西，总想要动手试一试。对于孩子“玩具”的选择，家长一定要把关，有危险性的“玩具”，要在家长的监护下使用。允许孩子带到学校的，一定是常规的、不容易伤害到别人的玩具。

孩子一年级的时候，有一天放学回来，羽绒服帽子紧挨着脖子的地方，羽绒乱飞。我一看，原来是被人用刀子割了一条10厘米长的口子。孩子告诉我，上体育课时，站在他后排的孩子，袖子里藏着美工刀，他要试一试他的刀锋利不锋利。

听到这样的解释，我想起小时候，我看到奶奶的剪刀，也非常好奇，非常想试一试剪刀是不是锋利。正好妹妹在旁边，我随手就在妹妹的裤子上剪了起来，等到家人喝止的时候，我已经把妹妹的裤子剪了一个口子。

但要命的是，孩子的刀很锋利，他下手又没轻没重的，伤着脖子或其他地方怎么办?

我们知道，成人用的美工刀是相当锋利的，好在孩子没有受伤，那个位置离脖子实在太近了。我都不敢想象，这个一年级的孩子，怎么不知道什么叫危险? 他的安全教育实在是太欠缺了。

这个孩子因为偷偷带着美工刀，一直想试一试，又不想被老师发现，直到体育课排队，正好在我孩子后边，才找到机会。说实话，我无法原谅这孩子的行为。

我们理解孩子的动机，也能理解当时老师未能及时发现，更不在乎一件衣服。但是，潜藏在孩子身边的危险，我却不能无视，这绝对是家长没有把安全教育做到位。

因为这件事，最终学校、家长、学生全部到场，那位同学的家长很配合，确实不知道孩子带了美工刀到了学校。为此，学校加强了这方面的安全教育，班级也召开了主题班会。

当孩子在学校出现安全问题的时候，我们一定要寻根究源，妥善解决。这个年龄的孩子，事实上是离不开父母的看护的。

参加同学聚会，我都不敢把注意力全部放在和同学聊天上，眼睛时刻不敢离开孩子。为此，同学还嘲笑我把孩子看得太紧了。

即使做到这样，也有一次差点把我吓晕。有一天中午，我在午休，孩子自己在看书。等我睡醒一看，孩子正拿着一个缺了盖的充电器，要连插座，做实验。当时我吓得魂飞魄散，好半天才缓过神来。孩子有一套做实验的玩具，是用电池的，我也告诉过他电源的危险性。可是，他毕竟是孩子，有时候还是会做些让人意想不到的事情。

所以，任何时候，我们都不能对孩子的安全掉以轻心，要认真地和孩子一起学习安全知识。

5.6　不玩水晶泥、激光笔

> 照看孩子，不仅仅是让他吃饱穿暖，操心他的学习，更重要的是，在孩子成长的过程中，每一个可能的安全隐患，我们都要尽可能地考虑到，早早地教给孩子正确避开危险的常识和方法。

孩子喜欢颜色亮丽和新奇的东西。可是有很多东西，孩子在使用的时候，家长是一定要仔细看说明书的。例如，年幼的孩子，尽量不要玩磁力珠之类的玩具。

对小学生来说，家长要警惕玩具可能给孩子带来的伤害：气味芳香的彩笔有可能损伤呼吸系统，螺旋镖有可能伤人伤己，最令人意想不到的是，屡次发生的水晶泥伤眼睛事件和激光笔惹祸事件。

菁菁妈妈怎么也想不通，上午给孩子购买了水晶泥，下午孩子就嚷着眼睛疼，不得已只好带孩子去医院治疗。虽然医治及时，没有什么大碍，菁菁妈妈还是觉得很危险。

当时购买的时候，菁菁妈妈是仔细看了配料表的，虽然有不太熟悉的配料，但因为平时没有听说这种东西是禁止的，所以也没太在意。她又闻了闻，没有什么气味，买的学生又很多，她就痛快地给菁菁买了。

医生分析，可能是水晶泥中的某些成分对眼睛有伤害。孩子在玩耍的时候，尽量不要用手频繁地接触眼睛。

眼睛作为人类最脆弱的器官之一，受到的伤害也是五花八门。其中还有被激光笔照伤的案例。

小学生，尤其是低年级的孩子，好奇心重，喜欢拿着激光笔做实验。孩子看到大人拿激光笔照钞票什么的，也要找东西来实验，照纸片、床单、手掌，照来照去，就照到自己的眼睛或小伙伴的眼睛上了。于是，悲剧发生了。

很多时候，孩子的行为动机是出于好奇而模仿，因为没有被及时地提醒，最终造成了伤害。

5.7 不乱扔东西

> 意外都是不经意间就发生了，有时候它带来的影响可能会持续很久。尤其是小学生，我们更要教会他们，不要做任何危害他人的行为。

塑料笔帽打掉了牙齿——小林妈妈的陈述：

我没想到，因为一颗蛀牙，小林的副科老师辞职，同学们孤立小林。更可气的是，连以前经常来我们家的几个小朋友再没有来过，小林的爸爸还责怪我小题大做……

事情回到一个多月前。下午上课的时候，小林的同桌，一个有点调皮的小男孩，对小林侧前方的女生说俏皮话，小女生一生气，直接扔了个塑料笔帽。哪知，塑料笔帽正好打在小林的牙齿上。当时，小林笑呵呵地一手接着笔帽，看了看手里，咦？！牙掉了，才掉了一半，呵，这颗坏牙，真结实。

本来也没多大的事，可晚上小林回来，我听他说完，立刻就生气了，心想："孩子牙齿掉了，老师竟然没有发现？什么课堂，竟然有学生在捣乱？！那个女孩的家长呢，也不打个电话问候一下，如果不给她个教训，以后会怎么欺负小林？！"我全然忘记了，这是一个有七十多位学生的班集体，上牙还碰下牙呢，何况一群活力四射的六年级孩子。

第二天，我直接带着小林做了检查，之后气冲冲地找到学校。所有的老师都是一脸懵。

班主任很快了解了事情的经过，看着我提供的缴费单，直截了当地说："首先，我们得明确责任划分；其次，必须出示诊断证明。"从医学角度来讲，牙齿不可再生。一般来说，植一颗牙至少要两三万元，还必须等到孩子成年。

我非常清楚，小林的牙齿是颗蛀牙，几乎已经全黑了。正常的牙齿，怎么可能在这么近的距离被一个塑料笔帽砸断呢？更何况，诊断证明上明确写着：蛀牙。可是，如果我就这样不了了之，不就成了无理取闹了吗？老师会怎么看小林？我只能将错就错，一条道走到黑了。

谁知，小女孩的家长根本不露面，班主任也说要拿诊断证明，才能解决问题。

我只好和学校展开了拉锯战。在这期间，小林的那位副科老师辞职了；而小林的同学们都离他远远的，生怕不小心惹来麻烦。日子一天天过去，小林也一天比一天沉默，这件事不知道到底会对他产生多大影响。

5.8 不玩红领巾牵脖子游戏

> 儿童好动的天性和旺盛的精力决定了他们可以有层出不穷的新花样。所有的一切都可以拿来作为他们游戏的道具。家长一定要通过多种方式让孩子明白保护自身安全的重要性。
>
> ——小尚妈妈的记录

我们家住在学校附近，因此，我知道许多发生在学校的关于安全的事情，什么磕着碰着啦，追逐打闹扭伤胳膊啦，碰伤眼睛啦，等等。我们也可以想象，那么多小孩子待在一起，以孩子活泼爱动的天性，怎么可能会一直乖乖坐着？因此，在小尚上学之前，我就通过看绘本、讲故事、看影片等多种方式，让小尚学习安全教育知识。

有一次，几个孩子在上学的路上追逐打闹。因为孩子们都戴着红领巾，打着闹着，不由顺手拽起了红领巾。拽着红领巾的孩子飞快地向后倒退，被拽着红领巾的孩子不得不踉踉跄跄地跟着向前，两人身前身后还有几个人推推挤挤。结果，有个孩子先被路边的树绊了一下。随即，几个孩子接连倒下。其他孩子大多没事，可被拽住红领巾的孩子在倒下的时候，脖子被狠狠勒紧，留下了一道深深的红印。

当然，这已经是很好的结果了，最可怕的是伤着颈椎。几年前，我曾听过别处发生的一件事，结果就很让人痛心。

一个小女孩，因为被别的孩子从背后拽住红领巾，在不得已倒退的过程中，被撞倒，脑袋和身体在撞击下呈现奇特姿势，导致颈椎受伤，整个人当时就不能动弹了。后来，经过多次治疗，小女孩才重新站起来。最终，还是留下了后遗症，小女孩的颈椎很容易再次受伤，就像有些幼儿的手臂习惯性脱臼一样。

我们暂且不谈肇事者的责任，只从被伤害者来说，家人和自己都要忍受病痛的折磨及心理伤害。所有的一切，只因为一场小小的意外，就被改写了。

教育孩子，促进孩子健康成长，包括孩子的身体健康和心理健康。我们教育孩子，要从身边最常见的安全防范常识教起，尽量用教育为孩子筑起安全的堤坝。

5.9 不玩突袭、碰撞游戏

> 孩子最善于模仿，但又没有很好的辨别能力，有时候就容易造成伤害。妈妈们在给孩子选择玩具、书籍、影视、游戏的时候，一定要注意好好选择，避免孩子有样学样，带来不必要的伤害。
>
> ——深深妈妈的记录

搞突袭、玩碰撞一直是孩子比较喜欢的游戏。我记得小时候，孩子们之间最常玩的是你突然拍我一下，我又趁你不备再抓你一下。游戏简单，没人受伤。怎么现在的孩子玩起来，会受伤呢？当我把疑惑告诉深深的时候，深深毫不留情地嘲笑我老土。

我没想到深深竟然是这种态度。深深才是个三年级的孩子，就能说出这样的话，难道我就这么与时代脱节了？好奇心促使我向深深发问：“深深，妈妈对你们喜欢的游戏一点都不懂，给我科普科普呗，也好让我和妈妈们吹嘘吹嘘。深深，你都长大了，懂得真多，该你教教妈妈了。”

深深可得意了，他叽里呱啦，说得停不下来。

我们玩吃鸡游戏，模仿游戏中的角色突然袭击，或者突然几个人同时攻击某个人的哪一处，几个人抱着一个人的四肢往门框上撞……

我越听越觉得不对劲，怎么都是群体游戏？还很暴力？深深还在喋喋不休。

知道我们班小杨吧？上次几个人又玩袭击游戏，共同揪一个人的耳朵。可是，他们玩起来什么都忘了，不小心把旁边同学撞了，那个同学的头被撞在墙上，他的头做过手术，缺少一块儿骨头，当即他就被送到了医院。虽然后来没什么大事，但这些同学的家长都去撞伤头的同学家里赔礼道歉了。

您知道吧，都是偷偷地玩吃鸡游戏，班主任天天交代我们不许玩。有一次玩吃鸡游戏，小超摔倒，当时好像崴着脚了，我们班主任为了小超的事跑前跑后。不仅小超的妈妈到学校和老师吵了一架，我们班的纪律红旗也没有了。

我知道，虽然老师不停地在群里发安全学习知识、不时地科普，家长们却并没有完全上心，没把它当成一回事，因此没有让孩子真正地体会到事情的严重性。我们的教育，实际上家庭的影响要大于学校。家长的行为，孩子看在眼里、记在心里，很容易模仿。父母对孩子，属于典型的一对一教育；可是在学校，老师就很难做到这一点。

就像深深吧，我们之间的关系一直很融洽，有什么就说什么。可就是这样，我们也有交流不畅的时候。因为我也有自己的知识盲区，对游戏这一块儿不太感兴趣、了解不多，深深就不太愿意和我交流这方面的知识。如果今天不是打开了深深的话匣子，我怎么也想不到，现在孩子的突袭游戏，已经有了这么多“高级”玩法。

虽然我们都有成长的经验，但孩子的世界永远有不为我们所知的地方。家长想要跟上孩子的步伐，唯有多学习、多涉猎，永远和孩子有共同的话题，才有资格深入孩子的教育。

孩子的突袭游戏，看似只是玩法更高级了。事实上，我们更应看到，这对孩子的安全教育提出了更高的要求。

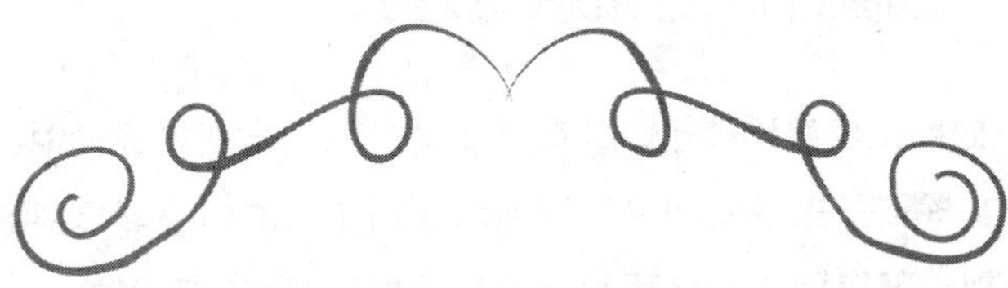

第6章

培养孩子良好的行为习惯

在孩子成长的过程中，我们要帮助孩子养成良好的行为习惯，以身作则，在陪伴与互动中以自己的一言一行来教导孩子。当孩子的行为出现问题时，我们要及时反思、注意观察，找出问题并及时解决。好的行为习惯能让孩子一生受益，若是在小学阶段错过了培养与纠正的机会，坏的行为习惯会很容易固化下来，孩子可能会在未来因此吃亏。

6.1 自己制订计划和惩罚方式

> 把自主权交给孩子，让孩子主动参与到自己的成长中，这是一种发挥孩子主观能动性的好方法。每个人的内心都希望自己得到重视，获得别人的认可对自己很重要，儿童也不例外。懂得了孩子的这种心理，我们就可以大胆地放手，让孩子自己做计划和确定奖惩方式，而我们的作用就是把关。你会发现，孩子会是非常合格的规划师和执行师。

有时候，正确的教育的力量强大到令人不可思议。

就拿小霍和小霍妈妈的教育来说吧。

小霍一年级入学的时候，在回家路上，小霍妈妈和小霍说："你今天已经正式成为小学生了，以后就要学会自己的事情自己安排，自己执行，妈妈只负责监督，好不好？"

没想到，小霍超级感兴趣："妈妈，是不是我可以自己决定怎么做？我要是做不好怎么办？"

"是呀，不过你要把计划写下来，然后按照计划执行，包括完不成计划怎么办。"妈妈随口说道。她是真的没有想到，才刚上一年级的孩子，真的会把刚才的谈话当回事。

"那我都要做哪些计划？"小霍打破砂锅问到底。

于是，妈妈从行为习惯、学习习惯、生活习惯等方面，把需要注意的事情，都告诉了小霍。

回到家后，小霍竟然真的做起了计划。可是，他有好多字都不会写，只好请妈妈帮忙，还煞有介事地告诉妈妈，一定要加上。

如果做不到，取消周末的一切娱乐活动，作业加倍写。

如果你以为小霍只是写写就完了，那你就错了。

小霍从小学一年级开始，真的就严格按照自己的计划执行，一路都是班长、学霸模式。孩子们都非常喜欢小霍。小霍更是老师们的得力助手：你能想象得到吗？在这个班级里，即使老师不在场，小霍仍然能带领同学们读书学习，将班级管理得井井有条。

我们在教育孩子的时候，也要敢于放手，尊重孩子，做好监督工作、做好舵手就可以了。如果孩子只是在父母的威逼利诱下学习，又能够走多远？

我们要的是让孩子早日启动内驱力，自己管理自己。

6.2 讲信用的契约精神

在父母和孩子的相处过程中，无论是父母还是孩子，都要有说话算话、讲信用的契约精神。尤其是父母，如果不能做到言行一致，将导致孩子对父母的信任崩塌，继而不信任父母，不再听从父母的教育。如果孩子总是撒谎，不按自己所说的去做，父母也会对孩子失去信心、耐心。

小郭和妈妈的关系一直很紧张，这源于妈妈无止境的、得寸进尺的要求。

“小郭，今天把作业做完后，把妈妈买的这本练习册也写上三页，剩下的时间就自由玩耍。”这是小郭小时候妈妈常说的话。

一开始，小郭总是开开心心地赶快把作业写完，舍不得休息，又抓紧时间写“妈妈牌”作业，希望赶快完成，然后开心地玩自己的乐高。

“妈妈，我的作业全部完成了。你检查吧。”小郭喊妈妈。

“全写完了？妈妈给的练习册也写了？”妈妈一边连声问着，一边翻看着小郭的作业。

“对呀，对呀，妈妈，我可以玩乐高了吧？”小郭迫不及待地问妈妈。

可是妈妈看着看着，却皱起了眉头：“小郭，你看你的作业，字写得也不好，我计算了一下时间，这点作业，用的时间有点多了，你还是先再巩固巩固，然后再玩乐高吧。”

小郭一听，都快哭了：“妈妈，你没看今天有多少作业吗？我已经写了快三个小时，你也说了，写完就可以玩一会儿的。”

“玩、玩，就知道玩，知识都没有掌握牢固。你还是学生吗？！”妈妈瞬间怒气冲冲。

小郭知道，自己的反抗无效，只好乖乖地坐在桌子旁，开启了磨蹭模式。

不知道小郭妈妈是否意识到，正是由于自己的言而无信，才导致小郭开始采取对抗策略。一开始，既然有明确的要求，就要按和孩子的约定执行。即使发现自己对孩子的要求有点低了，也应该在孩子充分休息，得到满足之后，再向孩子提出进一步的要求。

小郭妈妈完全忽略了，孩子为了完成作业，已经努力了将近三个小时，需要休息。她更忽略了，对于自己的强制要求，孩子表面上不敢反抗，可内心已经把妈妈列入失信人名单，以后妈妈再提什么要求，孩子对妈妈的话都会打折扣。所以，小郭慢慢学会了消极反抗——磨洋工。

等到小郭五年级的时候，妈妈再要求什么，小郭已经彻底不听了，干什么都懒洋洋的，小郭妈妈才彻底意识到问题大了。

在做少年儿童心理咨询时，咨询师把小郭妈妈关在门外，与小郭进行了长时间的交流。最后小郭终于打开心扉，说妈妈不讲理，完全不顾自己的要求，每次都是言而无信，一会儿一个要求，恨不得整天把自己按在书桌上。无论小郭快慢，都是要学习再学习，结果都一样。

孩子厌倦了，厌倦了妈妈的言而无信，厌倦了只有学习和做题的生活，但自己无力改变，只好用自己的方式对抗。可是，自己并不快乐。

面对这样的结果，小郭妈妈无话可说，面对专家的耐心解答，小郭妈妈终于醒悟了。

果然，这之后，小郭妈妈在征得小郭的意见之后，取消了小郭所有的课外学习，只是要求小郭把课内的内容学好，之后自己自由地阅读、玩乐高。

是的，对已经完全消极、逆反的孩子，不是强制越多学习越好，而是让他重新找到自己的乐趣，让心灵有短暂的舒展空间，等到孩子逐渐心情好起来，再慢慢地增加学习的任务。

目前，小郭妈妈和小郭才刚走出第一步，在专业人士的指导下，孩子的情绪逐渐稳定下来，和妈妈的关系也在逐渐缓和中。这注定是一个漫长的过程，祝福他赶快好起来。

我们在和孩子的相处过程中，一定要做到言而有信，让孩子懂得劳逸结合，相信父母，配合父母的教育。

6.3 和父母一起做家务

儿童喜欢模仿，喜欢一切没有做过的事情。儿童正是在不断参与的过程中，通过模仿学会了许多新的东西。可是，有些父母往往以为儿童的任务就是学习，这直接狭隘地定义了学习的内容。事实上，一切都可以作为儿童的学习内容：课本中的、生活中的事物都可以增长儿童的见识。尤其是孩子和父母一起参与家务劳动，不仅能提高孩子的动手能力，提高孩子的生活技能，使孩子体验到做家务的乐趣，还能增进孩子和父母的感情——一种共同完成某件事的自豪感，这也可以成为日后我们教育孩子的感情资本。不间断地让孩子参与，不是正好进入教育的良性循环吗？

在这方面，小司的妈妈做得很好。

小司一直是一个品学兼优的孩子，班长当得有模有样，学业上也当仁不让地总是名列前茅。这样的结果，如果你见到小司，见到小司的妈妈，就会毫不吃惊。

小司的妈妈从来不认为孩子只应该学习课本上的知识，而是经常带着小司一起做家务、购物等。

到小司四年级的时候，每到周末，小司就要和妈妈一块儿购买一周的食材，然后处理菜品，把一周的食材按成品、半成品准备好，再和妈妈一块儿准备午餐、给爸爸送饭（爸爸要看店），然后一家人愉快地共进午餐。这成了小司家里的固定安排。

往往周五晚上，小司和爸爸妈妈一块儿商量下周都想吃什么菜，共同定好菜单。

周末一大早，爸爸到店里，小司妈妈开始带着小司逛菜市场。

“老板，来一只鸡，三斤排骨，一斤肉馅。”

“豆芽二斤，黄瓜四根，香菜一把。”

“老板，来条二斤重的鱼。”

一进菜场，小司熟门熟路，一路欢快地叫着买着，妈妈只管在后面默默地做好跟班。

等回到家，小司和妈妈就忙开了。肉要煮，菜要处理，两人分工合作，说着笑着，足足要忙一两个小时，才能把所有的东西分类处理好，放入冰箱，然后就要开始准备午饭了。

小司最喜欢吃饺子了，所以，每周六中午小司家就吃饺子。

“妈妈，今天我来学和面，好不好？”小司撒娇地和妈妈说。

“好啊，试试吧，你已经见过很多次了，应该没问题了。”妈妈宠溺地摸了摸小司的头。

小司学着妈妈的样子，先在盆里放了两碗面粉，接着又用水杯接了一杯水，然后，左手端着水杯，右手拿筷子，随着左手缓缓地往盆里倒水，右手用筷子在盆里搅拌着。等到盆里的面粉都变成絮状，小司就放下水杯和筷子，一只手扶着盆子，一只手把絮状的面往一块儿按压。还别说，小司成功了。

当小司抬起头，正好看到妈妈灿烂的笑容和高高竖起的大拇指。

这一幕，成了小司心头珍贵的记忆。在小司的记忆中，自己要做什么事的时候，妈妈一般都是站在旁边，静静地看着，从不指手画脚，只在自己开口寻求帮助的时候才说上几句，每次做完的时候，妈妈总是少不了灿烂的笑容和高高竖起的大拇指。

可是，平时妈妈具体要做什么的时候，总是一边做，一边告诉小司详细步骤。看来小司妈妈才是真正懂教育的王者啊。

成功地把面和到一块儿，小司的劲头更足了，干脆承包了今天的调馅任务。

想着妈妈以前每次调馅的步骤，小司一丝不苟地往肉馅里缓慢地注水，往一个方向搅打，放调料，加入青菜，小司脸上露出了满足的笑容。

至此，包饺子的前期准备工作已经完成。小司早早就学会了包饺子，可是小司一直比较害怕擀饺子皮。她怎么也想不通，一小团面，怎么能在擀面杖下转动，自己用橡皮泥尝试过，却怎么都做不好。于是，小司决定，今天自己动手擀饺子皮，攻克这个难关。

小司学着妈妈的样子，先把小面剂沾上面粉，用手按扁，然后用擀面杖转着圈擀。可是，怎么是手转圈，面皮怎么不动？小司疑惑地抬起头。

“一手用力轻，一手用力重。”妈妈边说边比画。

“哦，这样啊！妈妈，看，我擀成了。”小司欢快地举着面皮，高兴地说。

“很简单吧？”妈妈问。

“是呀，只要掌握了要领，一点儿都不难。很多时候，人都是自己吓自己。”小司认真地告诉妈妈。

还有什么比孩子学会了技能、懂得了道理更重要的呢？小司的妈妈并没有和女儿讲多高深的道理，只是放手让女儿去做，并且不干扰女儿。在适当的时候，鼓励女儿，在女儿需要帮助的时候，给予最合适的建议。

我们不要把教育看得太复杂了，只要我们不高高在上，少批评、多鼓励、多表扬，放手让孩子去尝试，孩子一定会给我们带来惊喜。

6.4 不装糊涂，及时回应父母

孩子在成长过程中，会出现不愿意回应父母、故意装糊涂的情况。这类孩子一般内心比较有想法，又由于家长的教育方式不当或其他原因，孩子采取比较消极的抵抗方式。如果家长比较敏感，会很快发现问题的存在；可如果有些家长比较粗心，只是简单地认为孩子内向，不爱说话，则很容易影响孩子的健康成长和家庭的和谐幸福。

这段时间，格非的妈妈拿格非很没办法：格非总是在妈妈连着叫几声之后才回答。格非妈妈一度怀疑孩子耳朵有问题，曾经带着孩子做了听力测试，结果完全正常。后来，格非妈妈想着，孩子做自己的事时太专心，有时候会听不到，很正常。

可是有一天，格非告诉妈妈，会有同学来约自己一块儿玩。等到同学来的时候，门铃才刚响起，格非就已经跑到了门边。

格非妈妈没打扰孩子，而是继续观察。她发现，格非在上下学时和同学、老师打招呼的时候，并没有什么问题，在接送的路上，也愿意叽里呱啦和自己说学校发生的事情。可是，为什么一到家里，自己叫她的时候，就完全屏蔽了自己的声音呢？

格非妈妈决定和孩子直接谈谈。

“非非，我观察好久了，你在和老师、同学交流的时候，听力是没问题的，为什么在家里，妈妈叫你，你总是不及时回应妈妈呢？”

非非看了妈妈一眼，沉默着。

格非妈妈非常有耐心，孩子不说，就一直看着孩子。显然，妈妈得不到答案是不会罢休的。

等了大约20分钟，看妈妈一直看着自己也不说话，格非怒气冲冲地朝妈妈喊道："你烦不烦呀，每次都是这样，非得打扰我，我说了你也不会听的。你不知道，我看书、做事的时候最不喜欢别人打扰我吗？你都做了什么，一会儿一个小问题！"

"妈妈也没做什么呀，就是关心你是不是饿了、渴了，需不需要休息。"格非妈妈说。

"妈妈，我几岁了？"

"九岁了呀。"妈妈感觉好笑，孩子明显是觉得妈妈管得多了，"好了，你长大了，以后我不管那么多了。可这也算不上干扰吧？"

"这还不叫干扰！拜托，妈妈，我已经是三年级学生了，还不知道饿了吃东西、渴了喝水、累了休息？！我在学校上课，你不能送吃的、喝的，我不是也没有饿着、渴着？妈妈，拜托你，不要再把我当成小孩子看待！"格非对妈妈吼道。

格非妈妈沉默了，原来是这样。虽然以往格非也提过，不要在自己做作业或看书的时候让自己吃东西、喝水、休息，这些自己都知道，自己已经是三年级的大孩子了！

格非妈妈没事的时候，也喜欢读一些教育类的文章，看一些教育类的书。看的时候热血沸腾，可是实际操作起来，却根本不是那么回事。就像格非的问题，妈妈看过相关的文章，三年级是孩子自我意识已经觉醒的阶段，可是妈妈在生活中根本就没有当回事，还是把格非当一年级的小朋友对待，这怎么行？

更重要的是，不断地打扰孩子，不仅使孩子情绪烦躁，破坏了亲子关系，还可能干扰孩子，使孩子的注意力受到破坏。

格非妈妈决定改变自己，并请格非监督。可格非不置可否地撇了撇嘴，显然，她并不相信妈妈会改变。

格非妈妈无可奈何地苦笑，只好以实际行动证明给孩子看吧。

果然，在接下来的日子里，格非妈妈只要看孩子在看书或写作业，就不去打扰孩子，只是把准备的吃的、喝的放在餐桌上。

这样坚持了两周，慢慢地，格非妈妈发现，如果自己真有必须打扰孩子的事情，孩子还是能很快回应的。可是，如果哪天自己唠叨了，格非就又重新选择性地不回应了。看来，孩子不回应自己，也是一种自我保护的策略，只不过是消极了点儿。

格非妈妈庆幸自己没有不问青红皂白地批评孩子。那样的话，只会让孩子认为妈妈完全不了解她，只是自私自利地想怎么做就怎么做。那样母女之间必将大战或冷战，一旦心的距离远了，孩子将不会再听自己的教导，也就预示着自己教育的失败。

是的，我们任何人，在和孩子相处的过程中，都要认真观察。观察孩子在典型教育情境中的行为，看到不合理的行为，要尝试认真去寻找原因，不要觉得孩子的反常行为都是孩子的问题。

孩子的教育出现问题，并不一定都是孩子的问题，也有可能是我们的教育方式不合适，引起了孩子的反击，或者父母与孩子之间的交流引起了互相的误解。

我们要做的是：任何时候，都把孩子当成和我们一样平等的人对待，充分尊重孩子的意见，倾听孩子的心声，保持良好的亲子关系，好好交流，所遇到的问题就会得到妥善解决。

6.5　不打架，不迟到

> 如果同一个问题，孩子接二连三地犯错，家长要警惕，必须尽快干预。否则一旦成为顽疾，将非常难以处理。如果这个问题伴随孩子时间长了，将来孩子很可能会为此吃亏。

当老师一个月内第三次打电话给越越妈妈的时候，越越妈妈才意识到，越越的问题很严重。

越越被请家长，都是因为打架和迟到。

越越家离学校并不远，越越每次都是自己上下学。一般每天中午吃过饭后，越越独自回家休息，爸爸妈妈就在楼下的门店继续忙自家的生意。

“越越，中午休息一会儿就去学校，不要迟到。”妈妈每天临走前都要交代越越。

“好的，妈妈。”越越也总是态度很好地回答妈妈。

可是，虽然只是楼上楼下，爸爸妈妈忙起来，根本就顾不上看一看越越是否真的在休息。

很多时候，越越不午休，如果看爸爸妈妈顾不上自己，就和几个要好的孩子一起偷偷地溜出去。

因为常常趁中午出去玩，越越几个越来越胆大，拦住落单的孩子，然后开各种无聊的玩笑，或教唆孩子喊自己大哥，或让孩子给自己买吃的、玩的。如果孩子不配合，越越几个就一起用言语羞辱孩子。可气的是，几次都是越越领头，并且只有越越动了手。

玩耍起来，时间总是过得很快。每次听到学校的铃声，越越总是舍不得立即去学校，总要再玩上一会儿。

越越的爸爸觉得孩子这样做无所谓，他总是觉得，又不是学不会，就是老师多事。所以，前两次叫家长，根本就没有起到任何作用。

第三次叫家长，老师直接告诉越越妈妈，如果家长再不配合，若孩子出事，老师只能通知一声了。

越越妈妈意识到问题的严重性，开始认真管教孩子。

因为越越的问题主要出在没有监管，所以，越越妈妈要求越越午饭后陪爸爸妈妈到店里休息。如果不想休息，就在店里看书，等到上学的时间，由妈妈监督着进学校。

“越越，从今天开始，饭后和我一块儿到店里，你可以休息、看书。”妈妈告诉越越。

“店里很吵，我不要去，中午没办法休息。”越越反驳道。

“店里是没有家里安静，可是你在家并没有休息，还偷溜出去，就这样决定了。”妈妈说道。

越越没有办法，只好告别中午自由自在的时光，开始了中午待在店里，再由妈妈送到学校的模式。

对越越来说，妈妈卡住了这两个时间点，他就没有机会在外边闯祸、迟到，但这只是最基础的一步。

越越没有养成好的生活习惯，也没有养成阅读的习惯，对学习没有一个明确的概念。所以一旦有了教育的缺口，孩子就开始走下坡路。

越越妈妈很着急，越越已经二年级了，却没有培养起阅读的习惯，这不是一两天的工夫能做到的。最后，妈妈痛下决心，带着越越买了好多童书，课余时间就让他陪自己在店里看书，自己抽空就和越越聊上几句。没想到，过了一两个月，这种强制的办法竟然起了作用，越越开始越来越自觉地拿书来读。

当然，越越妈妈对越越的教育才算刚刚开始，还需要不懈地努力。

孩子出现打架、迟到的问题，很多时候是因为家长的监管不到们。当孩子的空闲时间比较多的时候，我们一定要合理地把孩子的注意力引导到比较有意义的事情上，否则孩子很容易无事生非。

我曾经听到过一个有意思的理论：如果孩子在童年没有恣意地玩耍过，那么即使成年，他的一生也会不停地折腾。

什么叫玩耍？我以为，只要是有意义、自己比较喜欢的都可以叫作玩耍。很多大师在自己的研究领域一直孜孜不倦，不就是有兴趣地玩耍吗？期待大家早日把孩子引入有意义的玩耍的境界。

6.6 不撒谎，实事求是

> 孩子的任何行为动机都是可以追溯的。当孩子出现问题的时候，家长要尽可能地寻找问题背后的动机，而不能只是头痛医头，脚痛医脚，否则会被孩子层出不穷的问题拖得疲惫不堪。只有找到问题的本源，一击即中，再督促坚持，孩子才有可能彻底纠正错误的习惯。

苗苗妈妈最近很伤脑筋。

"苗苗，帮妈妈拿个东西。"妈妈喊苗苗。

"我在卫生间，你找妹妹。"实际上苗苗正在看视频。

"苗苗，等会儿去拿个快递。"妈妈又叫苗苗。

"不行，我马上要上网课。"可是，等妈妈拿快递回来，苗苗还没有上网课。

"苗苗，不要吃零食，快开饭了。"妈妈听见吃零食的声音，对苗苗说道。

"我没吃零食，只是妹妹吃的时候尝了一点儿。"可是，苗苗正吃得开心。

苗苗妈妈发现，不管她要苗苗干什么，苗苗总要推脱。若妈妈真的生气了，她就躲开，不吵也不闹。苗苗妈妈被弄得一点儿脾气都没有。

郁闷的苗苗妈妈与几个闺密待在一块儿，开启了疯狂吐槽模式。

谁知，听完苗苗妈妈的吐槽，几个闺密盯着苗苗妈妈，弄得苗苗妈妈莫名其妙。

“你有几个孩子？”一个闺密最后忍不住开口道。

“两个呀！你们不是都知道吗？苗苗和思思。”

“我再问你，苗苗、思思年龄差多少？”闺密问。

“两人是双胞胎，差几分钟。”苗苗妈妈不假思索道。

“你怎么不开窍？！”另一个闺密忍不住插嘴道，“两个孩子差几分钟，凭什么凡事都要苗苗做？”

苗苗妈妈沉默了。她习惯于有什么事都找苗苗。而且，她认为，苗苗是姐姐，就应该让着妹妹。可是，却忽略了苗苗也是一个孩子，她一直在用传统的观念要求苗苗。

看来，这是苗苗的反抗。每个孩子的秉性不一样，处理问题的方式也不一样。妈妈得认真处理这个问题了。

到底怎么办呢？苗苗妈妈拉不下脸跟孩子道歉，可总得解决问题，最后还是闺密给了意见：“有什么好为难的？再有什么事情，两个人一块儿做就好了，如果是一个人就能解决的，让她们两个自己决定谁去做。你还能省点心？”

听了闺密的话，苗苗妈妈回到家里，开始尝试新的教育计划。

“苗苗、思思，来帮我把这些菜处理了。”苗苗妈妈喊两个女儿。

“来了，来了。”苗苗、思思跑了出来。苗苗妈妈一试，果然有用。苗苗妈妈干脆大扫除，看看是不是真的像闺密说的一样。

“苗苗、思思，我们来大扫除！”我收拾东西，你们两个扫地和拖地。

苗苗和思思互相看了一眼，很有默契地一个去扫地，一个去拖地了。

苗苗妈妈看直了眼，这就解决问题了？！原来，问题根源不在孩子身上，是自己没有掌握正确的方式，孩子在默默地反抗。

当家里有两个或两个以上孩子的时候，我们一定要注意，对孩子要公平，可不能因为姐姐或哥哥大，就一定要照顾小的，否则就在孩子之间树立了不平等观念。要知道，他们是一辈子的兄弟姐妹，父母还是应尽量一碗水端平，公平对待。孩子之间会互帮互爱，若有问题，孩子们会自己解决的。

6.7 忘戴红领巾，妈妈狠心送我进学校

> 培养孩子的良好习惯，需要家长的监督和严格要求，面对孩子的不自觉，家长要有“狠得下心”的魄力。只有我们在定下规则，协助孩子严格执行的情况下，不自觉的孩子才会真正地长记性，从而达到家长要求的效果。

兜兜妈妈是我见过的一个很有魄力的妈妈。

兜兜二年级，因为妈妈工作忙，经常出差，所以一年级的时候，兜兜由爷爷奶奶管理。这也养成了兜兜调皮捣蛋、不服管教、丢三落四又任性的坏习惯。

二年级，兜兜妈妈开始接手兜兜的教育，给兜兜重新制订了一系列的习惯养成要求，其实就是二年级孩子应该达到的最基本的要求。

第一周，结合这些最基本的要求，兜兜妈妈每天晚上提醒兜兜准备第二天的东西。第一周结束，妈妈明确告诉兜兜，从第二周开始，妈妈不再提醒，兜兜需要每天自己按习惯准备好第二天用的东西。

星期三一早，兜兜妈妈送兜兜上学，到学校门口的时候，兜兜一下车，说："哎呀，糟糕，忘戴红领巾了。"

兜兜妈妈一听，这才坚持一天就忘了，再加上自己还急着上班，气不打一处来。啪啪啪，她使劲在兜兜背上打了好几下，兜兜当即就哭了起来。

兜兜妈妈没好气地说："哭什么哭！自己忘了，自己跟老师说去，如果给班级丢脸了，自己想办法，去学校吧！"

兜兜没有办法，只好磨蹭着进了学校。

兜兜妈妈虽然去上班了，可心里一直惦记着兜兜，生怕孩子有什么想不开的。

可放学后，兜兜回来一点儿事都没有，只不过，从此再也没有忘记过戴红领巾。

在这里，不是赞扬兜兜妈妈打兜兜的行为，而是兜兜妈妈的坚持。

孩子实际上是很"精明"的。兜兜以前跟着爷爷奶奶，自己撒娇耍赖就能偷懒或得到一些好处。尝到甜头后，兜兜就变本加厉地不服管教。可现在遇到妈妈，只好乖乖投降了。

当然，已经变得"狡猾"的兜兜怎么可能轻易向妈妈投降？于是，隔了一段时间，兜兜又"导演了一出新戏"：到了学校门口，他竟然脚上穿着棉拖鞋，书包也没背（不要质疑妈妈怎么没发现，冬天的早晨，妈妈总是要在兜兜吃饭时，预热汽车）。

兜兜妈妈当即差点犯了心脏病。可是，一看兜兜无辜的表情，兜兜妈妈的脾气也上来了，让兜兜进学校，自己想办法和老师解释，兜兜只好乖乖照做。

后来兜兜变乖了。

兜兜妈妈用自己的执行力，使兜兜的“诡计”幻灭，他再也不敢随意任性。我们也看到，只要家长稍微一放松或者心软，孩子的坏习惯就会“春风吹又生”，不仅死灰复燃，还会燃烧得更加旺盛，再扑灭恐怕就很难了。所以，把它们消灭在萌芽中最为可靠。

写到这里，我又想起了大稀罕老师和她的老来子涵涵：

“涵涵今天又没带作业。”

“哎呀，我昨天晚上忘了给他收拾。”

这样的对话，几乎每天涵涵班主任和大稀罕老师都要重演一遍。涵涵是大稀罕老师的老来子，被宠得没边，用她自己的话说，哥哥小时候什么事情都是自己做，可到了涵涵，她什么都不由地想替他做，明明知道这样对涵涵不好，可她就是控制不住自己。

当然，涵涵可不仅仅是不带作业，还有不戴红领巾、不写作业、上课迟到、上课吃东西、不停地违反纪律，等等。反正，都有大稀罕老师兜底。

可是，大稀罕老师真能兜得了吗？涵涵到六年级的时候，几乎成了学渣。

即使我们再娇惯自己的孩子，也要明白，我们不可能陪伴孩子一生。惯子如杀子，当我们在孩子年幼的时候，不让孩子养成好的习惯、学习生存的本领，等到年长后，孩子要怎么办呢？

我们对孩子的任何要求，既然提出了，就要温柔而坚定地执行，绝不能无原则地一会儿说这样做，一会儿又可以不做。当父母都三天打鱼，两天晒网的时候，孩子就会瞅准机会，变得越来越“狡猾”，长此以往，还谈何对孩子的教育？

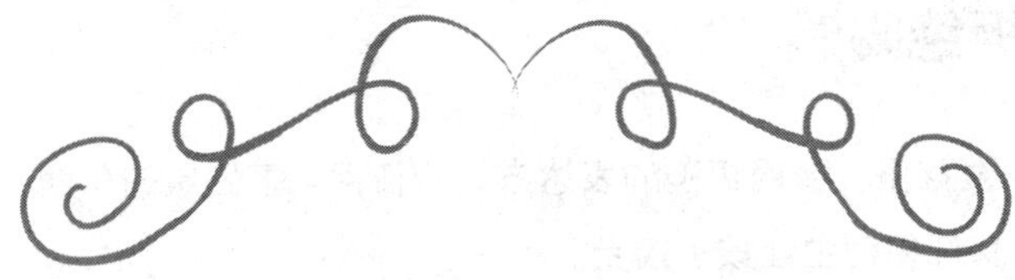

第7章 培养孩子良好的道德品质

小学生良好的道德品质有爱祖国、爱人民、爱集体、助人为乐、拾金不昧、公平竞争、不抽烟喝酒等，这些都是在日常生活中一点一滴地培养起来的。当这些良好的道德品质深入孩子的骨髓，很多时候，就会悄然以令人惊艳的形式表现出来。

7.1 拒绝喝酒

> **爱孩子，要用正确的表达方式。任何有害健康的东西，我们都没有任何理由让孩子接受。**

孝敬老人，尊老爱幼，这是我们一直教育孩子要遵守的行为准则。可是，在小果12岁的生日宴上，一向很尊敬爷爷的小果，却和爷爷闹起了别扭。

小果12岁生日，爷爷很高兴，早早准备了好多好吃的。等小果和爸爸妈妈回到家的时候，爷爷奶奶、叔叔婶婶、堂弟堂妹，已经齐聚一堂，别提多热闹了。

等到吃饭的时候，饭桌上摆满了鸡鸭鱼肉，可丰盛了。爷爷奶奶看着自己的孙子孙女，高兴得合不拢嘴。

小果是大哥，又是今日的寿星，自然而然地站起来说："感谢爷爷奶奶辛辛苦苦地准备这么多好吃的，也感谢爸爸妈妈一直努力为我们的家庭付出，还感谢叔叔婶婶、弟弟妹妹都来为我庆生，我今天以茶代酒敬我们全家，祝愿我们都越来越好！"

在这美好的氛围中，大家都纷纷举杯，祝愿生活越来越好，祝愿小寿星天天开心，日日进步。

可是，等所有人都喝下杯中的酒或饮料的时候，爷爷却亲自倒了一大杯酒，无论如何要小果喝下。非得说，12岁是一个比较重要的年龄，在有些地方，这就是成人礼。

且不说，小果在这之前，根本就没有沾过一点儿酒。就凭前两天刚打过疫苗，无论如何也是不能饮酒的。更何况，小果一直接受的教育都是未成年人不能饮酒。

小果接过爷爷递过来的酒，直接放在一边，重新拿起一杯饮料喝下，郑重地告诉爷爷："我们齐聚一堂，是为了高兴，不能光看形式的东西，我不能喝酒，打疫苗也禁止喝酒，请爷爷原谅。"

爷爷重重地哼了一声，奶奶一看，赶紧劝小果："少喝点儿，少喝点儿，你看，爷爷生气了。"

爷爷虽然气哼哼的，听到奶奶的话，还是支起了耳朵，很想让小果喝下那杯酒。

小果直接给爷爷夹了鸡腿："爷爷，来，吃菜，今天是高兴的日子，我们不纠缠小事。"

爷爷没有办法，只好吃了起来，可是他一直闷闷不乐的。

有些老年人，不管自己的要求是否合理，如果孩子们不听话，就觉得自己没面子，会因此闷闷不乐甚至搅得大家都不高兴。

小果做得非常好，不卑不亢地拒绝爷爷的不合理要求，并尽力缓解爷爷的尴尬。这离不开小果妈妈的严格要求，即使在餐桌上发生不愉快，妈妈也在暗暗地以手势支持小果。

7.2　爱集体——拔河输了，我们班同学都哭了

> 小学生良好的道德品质是在日常生活中慢慢培养的。在关键时刻，孩子内在的良好道德品质就表现出来了。

今天放学后，妈妈发现洛洛闷闷不乐，不像平常那样一看到自己就叽里呱啦说个不停，比如又学了什么新内容，上课自己回答得多么出彩，谁和谁闹小矛盾，老师和平常有什么不一样。可是，

今天洛洛明显情绪低落，甚至眼睛也红红的，肯定是哭过了。

不过，洛洛妈妈比较淡定。因为按常规，如果是影响比较大的问题，老师一定会发现，现在老师那边没动静，应该不是特别严重的问题。再有，洛洛性格乐观，平常也喜欢有什么事情就和妈妈沟通，现在一时想不开也正常。相信过一会儿，洛洛就会主动告诉妈妈的。没必要、也不能在孩子还没有准备好的时候，硬逼着孩子说自己不愿意说的事情。

果然，到晚上吃饭的时候（吃饭的时候，孩子是很容易放松的，这时候，家长一定注意不要批评孩子哟），洛洛主动和妈妈聊天：

今天，学校举行拔河比赛，每班有40人参与。我们年级一共六个班，第一轮，抽签决定两个班一组，进行淘汰赛，然后三场下来，只剩我们班和三班、六班。

我们班在这三个班中是实力最强的，当时我们班的人信心可足了，老师和围观的同学们也都说，这次一定是我们二班赢得第一名。

洛洛妈妈静静地听着，没有打岔，只是眼神示意，她是在认真地倾听。

可是，第二轮的时候，是循环赛。我们班抽签，要先和六班比赛，接着和三班比赛，中间没有任何休息的时间。第一场和六班的比赛，虽然艰难了点儿，但还是以绝对优势碾压了对方。

已经连着比了两场，我们班的同学，有的手都磨破了皮，好多人都说胳膊好疼。可是中间没有一点儿休息的时间，就直接开始和三班比赛。

平常我们班的实力比三班要好点，可是这次，我们班的同学太累了。

一开始，我们班还是占据优势的。我们班齐心合力，喊着口号，三班眼看被我们班快拉过线了，可是突然不知道怎么回事，我们班这边松了一点儿劲。三班抓住机会，猛地一使劲，我们班好像泄了气一样，瞬间又被拉了回去，然后我们和三班展开了拉锯战。当我们班的一个同学倒地时，三班就趁机把我们拉过去了。当时，我们班的好多同学都哭了。

洛洛妈妈听明白了，原来孩子是因为集体拔河比赛失利不高兴呢。洛洛妈妈想了想，问了洛洛几个问题：

“没有取得冠军，老师责备你们了吗？”洛洛妈妈问。

“怎么可能？老师看我们很伤心，还给我们看了中国女篮的故事！”

“中国女篮的什么故事？是比赛吗？结果怎么样？”

“妈妈，我知道你的意思，女篮既有失败，也有成功。不过，最重要的是女篮永不言败的精神。”

“嗯，摔倒的同学影响了这次比赛的最后结果，有人埋怨他吗？”

“妈妈，你怎么会问这样的问题？同学摔倒，还摔伤了胳膊，也尽了最大的努力。虽然我们最后输了，也不能埋怨他呀！”洛洛诧异地看着妈妈。

洛洛妈妈笑了。

“你现在心情好点了吗？”

“妈妈，实际上，我只是心里有些难过，毕竟，这是我们班全体同学共同的努力。”

“你这样想，我很高兴，你们的班集体是很团结的，你们的同学都有很好的集体意识，也很团结同学。另外，你要知道，既然是比赛，你们对手的目标也是胜利。所以，最后的结果不一定会完全按照自己预想的那样，只要我们付出了自己最大的努力，就不必后悔、难过。”

“我们老师说，既要有夺第一的勇气，又要有为他人祝福的胸怀。”

看来，小家伙已经懂得了放下，只是一开始的时候，骤然面对失败，心里会有些不舒服。在孩子成长的过程中，总会有些不能如自己所愿的“生长痛”。孩子跨越了这些挫折，就可以拥有更为宽广的胸怀，迎接生活中更多的挑战。

7.3 实现目标，保驾护航

> 孩子都有一颗向上的心，他们会确立自己的小目标。我们要做的是，看孩子如何实现目标，实现目标的过程中需不需要修正，为孩子保驾护航，使他们不偏离航线。

四年级暑假，小嘉在看了许多本书后，突然决定，开学后一定要竞争班干部。

小嘉妈妈听了小嘉的话后，很是鼓励小嘉。虽然小嘉的学习成绩在班上只算得上中上水平，但是孩子想进步，妈妈一定会支持的。

鉴于小嘉的体育成绩非常优秀，经常代表学校参加比赛，于是小嘉妈妈委婉地建议小嘉，可以先竞选体育委员。

可是，小嘉铁了心说："我看《阿甘正传》中的阿甘都能拼命努力,我也决定了,我要竞选班长,哪怕一次不行,下一次再争取。"

"那你打算怎么竞选呢？"妈妈好奇地问。

"我要从现在开始好好学习，争取开学考试有很大的进步，并且提前准备好我的竞选演说，争取靠自己的努力赢得老师和同学的选票。"

"预祝你成功。"妈妈向小嘉伸出手掌，和他击掌祝福。

果然，小嘉真的开始了，不仅制订了详细的复习计划、预习计划，还按计划完成每天的任务。

小嘉之前从来没有当过班干部，根本就没有任何竞选的经验。小嘉请妈妈帮忙，选了好几个竞选的视频，自己看了好几遍。小嘉妈妈看孩子这么认真，也结合视频，认真地告诉小嘉在竞选中都要注意些什么。

小嘉除了学习，就一直琢磨怎么竞选。在妈妈的指点下，小嘉认真了解竞选内容要怎么写；在台上发表竞选演说时，语速、体态都要注意什么；更重要的是，他还把班上的孩子分成了几类：哪些人可能支持自己，哪些人可能反对自己，哪些人可能中立。

你别说，小嘉还挺认真。

小嘉有几天一直为一个问题感到为难：到底怎么说服那些可能反对自己的人？妈妈就在旁边出主意："要不，请这些人到咱们家里做客？"

小嘉一摆手："去，别捣乱，我怎么能贿赂他们呢？妈妈，可是你教我的，不能搞歪风邪气。"

小嘉妈妈赶紧认错，让小嘉继续自己努力。

当确立目标后，时间过得飞快，一眨眼就迎来了开学。

小嘉豪情满怀，要在新学期的班干部竞选中崭露头角。果然，在开学测试中，小嘉的成绩虽然不是最好的，可是已经进入第一梯队，小嘉对自己取得的成绩还算满意。

可是，在竞选班干部的时候，小嘉遇到了劲敌：原来的班长和副班长都是品学兼优的学生，还有多年管理班级的经验。小嘉确实在竞选中给了老师和同学们惊喜，可是，鉴于整体投票及经验方面的综合考虑，小嘉只获得了副班长的头衔。

这样的竞选结果，虽然没有达到小嘉的预期，但小嘉不气馁："阿甘也不是一下子取得那么多成绩的，我以后，一定会凭自己的努力竞选上班长。"

是的，在孩子成长的过程中，尤其是确立目标后，我们只需为孩子保驾护航，适时地提供帮助。

7.4 特殊的礼物

> 有人说，一个人喜欢什么，就看有什么可以勾起他的回忆。我想，孩子们对祖国的情感也是一样的，都是在老师、父母的耳濡目染、点滴教育中培养起来的。

小章妈妈收到一份特殊的礼物，一份"巨型"手绘中国地图。

当这份由四张A3纸组成的"巨型"手绘中国地图在同学们面前展开的时候，小章妈妈瞬间感动，教室里也沸腾了。

小章妈妈是一名小学教师，这份特殊的礼物，是小章和自己小分队的小清、小迪、小新几人合作完成的。

这份由四个人完成，由四部分拼凑起来的中国地图，比例准确，画图认真，涂色规范，这对于才五年级的孩子来说，完成起来可真不容易。

小章妈妈不禁想起前段时间，每天下午放学，小章总要和这几个孩子聚到小清家。小章妈妈还以为几个人在一块玩耍，谁知道，几人不声不响地做出了这么大的事情。

“这地图绘制得真好，省市地区、山脉河流湖泊、交通线路等都标得很清晰。”小章妈妈忍不住赞叹道。

“哈！妈妈，您是在表扬自己吗？”小章调侃道。

是的，五年级的《道德与法制》教材上，有很多关于我们的国土、我们的民族、我们祖国的历史、我们祖国的未来的内容。小章妈妈非常注重对孩子的爱国教育的培养，总是觉得，孩子们只要记忆中有了关于祖国的知识，即使平常不多做强调，在很多时候，这些记忆也会在日常的学习生活中被不断激发，孩子的爱国感情也就自然而然地产生了。

因此，小章妈妈在课堂上讲述着我们祖国的故事，给孩子购买了许多关于祖国灿烂文化、悠久历史等方面的书，还经常领着小章观看有关祖国的纪录片，如《话说长江》《河西走廊》《敦煌文化》等。

在这样的环境下，小章和他的好朋友怎么会不热爱祖国？

孩子最喜欢模仿，也最善于模仿。我们想让孩子成为什么样的人，就从我们做什么样的人开始吧。

7.5 爱祖国——参观抗疫展厅，孩子们热泪盈眶

> 孩子的内心是最柔软的，也是最脆弱的。小莲参观了抗击新冠肺炎疫情专题展览，不由得想起那么多奋不顾身、无私奉献的人们。

2020年初，新冠肺炎疫情肆虐。虽然只是一名四年级的小学生，可小莲依然和成年人一样，感受到疫情的来势汹汹。

那是一段不堪回首的岁月，那又是一段可歌可泣的岁月，我们的国家、我们的人民倾尽全力，毫不保留地驰援武汉，取得了胜利。我们的科研人员夜以继日地努力，研究疫苗……

2021 年 5 月，小莲妈妈带小莲参观了专题展览。

望着那一幅幅看了无数次的穿着隔离服的医护人员的照片，听着一件件宛如发生在身边的事情，小莲不由得想到妈妈，虽然妈妈现在就陪伴在自己身边。

小莲的妈妈是普通的医护人员，也是一名社区工作人员。新冠肺炎疫情期间，妈妈每天的工作就是在小区门口为往来人员测体温、登记信息。这些工作，在平常根本没什么，可是在疫情防控期间，每个人都小心翼翼。

妈妈每次出门前都要仔细地穿戴好防护服，戴好手套，戴上防护面罩、口罩，把自己捂得严严实实。小莲和很多小伙伴一样待在家里——这是最好的防护办法。

妈妈当时穿戴的防护用品几乎和展示的一样，只是，当时因为情况紧急，很多防护用品都是七拼八凑的，看到这样的展示，小莲怎能不想起妈妈每次出门的情形？即使自己还是小学生，也知

道妈妈每次出门会有危及生命的风险。可是，妈妈每次出门前都笑着和自己告别，开心地和自己说晚上见，怎不是顶着重重压力给自己爱的安慰?

又有多少人，是这样面对自己的孩子的？永远把安全和爱留给家人和孩子。

当看到展厅里一道道的隔离门、一层层的把关防护和一次次的消毒，小莲瞬间热泪盈眶。她心口一热，紧紧抓住了妈妈的手，妈妈也握紧了小莲的手。

在最紧张的那几天，妈妈甚至都没有回家，每次视频，妈妈总是告诉小莲，她马上就可以回家了，可是妈妈越是这样，小莲越是担心，因为媒体上每天都有最新的报道，小莲知道，妈妈在外边是多么危险。

终于盼到妈妈回家了。

妈妈回来后，没有像以前一样直接进家门，而是在楼下就把自己浑身消了一遍毒。出了电梯，进行了二次消毒。到家门口，又进行了三次消毒。因为家里有她最在乎的亲人，她不能把危险带到家里。

可以说，参观专题展览，完全是对小莲的一次记忆再唤醒。小莲深深地感受到，在危难来临之际，我们的国家、我们的人民，哪怕是小学生，一起共渡难关是多么不容易。

不要以为我们的孩子什么都不懂，在家人铸就的安全屏障后面，是孩子们渴求平安的眼睛和一颗颗为亲人祝福的热切的心。

普通人用自己力所能及的方法支持着我们的国家，在关键时刻，积极响应号召。对于孩子来说，还有能比这更好的教育吗？

7.6 助人为乐——为爱“捡到”100元

> 孩子的心是最纯净的，即使有时候看上去他们所做的事情似乎很不合情理，或者不可思议，我们也一定要停下来，好好倾听孩子的心声。不管孩子平时是文静懂事还是调皮捣蛋，我们都要时刻记住，孩子做事一定是有理由的，有时甚至是出于爱心、善心。

此刻，五年级二班的教室里，正在进行着一场热烈的大讨论：

“小雷的姐姐病了，听说要花好多钱，你知道吗？”

“什么呀，我来上学的路上，看到小雷妈妈一直在哭。”

“小雷妈妈好像明天来学校，要给小雷转学，带他回老家。”

“小雷也说他要回老家了，他们家要把所有的钱都用来给姐姐看病。”

“哎呀，小雷姐姐真可怜，听说不容易治好呢！”

“哎，真不想让小雷走，虽然他很调皮，但总是帮助我们啊。”

“是啊！是啊！还是让小雷不要走吧！”

“怎么样小雷才不会走？”

“要不，我们给小雷姐姐捐点款吧！”

小鹏默默地独自坐在位置上，她是一个沉默的孩子，也是一个极特别的孩子。她的成绩一塌糊涂，尤其是数学，分数从来都是个位数，在班上是个妥妥的小透明，但她有极高的生存能力。

小鹏妈妈经营着一家不大的面馆，每天的进出货由小鹏参与。每到周末，小鹏跑到批发市场，向各个合作伙伴采买好当天饭店所需的一切。

要知道，即使有人管送货，对于一个正在上五年级、数学成绩很差的孩子来说，这是多么大的一项挑战。而成就这一切的，就是小鹏的妈妈，一个极具智慧的女人。

第二天，孩子们自发捐款，大多是5元、10元、20元，只有小鹏，一下子捐了100元。当同学们表扬小鹏的时候，小鹏只是低声说了句："捡的。"

"小鹏，前天的账单，怎么对不上？"过了几天，小鹏妈妈在盘账的时候问小鹏。

"妈妈，对不起，我不小心弄错了。"看着一贯谨慎的女儿，妈妈没多说什么，只是嘱咐女儿："不要紧的，你已经做得很好了，以后小心就行了。"

转过头，小鹏吐了吐舌头，庆幸妈妈没有多问，真担心妈妈多问几句，谎话就穿帮了。

后来学校召开家长会的时候，小鹏妈妈才明白，原来，一向温顺听话的孩子竟然背着自己搞了这么一出。

不过，妈妈感到很欣慰，虽然小鹏在数学方面没天赋，在班级里成绩也不出色，但是经过自己的有意培养锻炼，孩子至少有了很好的生存能力，更重要的是有魄力、有善心，这不就是孩子送给自己的最好的礼物吗？

对数学完全一窍不通的情况，在孩子中非常少见。面对孩子这种情况，小鹏妈妈一开始也下了很大功夫，甚至亲自辅导、高价请家教、找心理咨询、进行网络交流等。什么办法都用了，但基本不见效，孩子也越来越不快乐。

后来，在孩子二年级的时候，小鹏妈妈不再强求孩子，而是适当地培养孩子的生存能力，周末让孩子陪自己一块儿采购。没想到，小鹂非常感兴趣，一到市场，眼睛都亮了。

兴趣就是最好的老师。小鹂很快学会了如何与人打交道、如何讨价还价、如何辨别各种物品的优劣，唯一难到小鹂的就是价格计算。

一开始，妈妈专门为小鹂制作一种很麻烦的价格货物表，小鹂虽然能找到对应的数据，但是效率不高。后来，妈妈干脆教小鹂进行电子计算，然后和商贩以一种特殊的方法进行结算。

尊重孩子，培养孩子有魄力、有爱心、健康成长，不正是我们的目标吗？

7.7 拾金不昧——失而复得的 500 元

> 孩子的内心，远比成年人想象中的干净纯洁。很多时候，在遇到事情时，成年人很容易受限于定式思维，以成年人的视角猜度孩子。这不仅是对孩子的不信任，更是对亲子关系的极大破坏，严重的时候，甚至会伤害孩子珍贵的自尊心，会让孩子产生“就按你说的去做”的消极心理，从而走向极端。

小吴妈妈这几天一直觉得有件事自己忘记了，可是怎么都想不起来。等了好几天，小吴妈妈突然想起来：“哎呀，我放在客厅桌子上的书呢？里边还夹着 500 元呢！”

小吴妈妈赶快跑到客厅，桌子上、沙发上、茶几上、沙发垫子下，能找的地方都找了，可是那本书就像长了翅膀，一点儿影子都找不到。

小吴妈妈焦躁地在客厅里走来走去，自己没动，爸爸不在家，难道是小吴拿了自己的书？可是，如果孩子拿了书，一定会发现钱的，难道是发现钱才不吭声的？也不对，小吴从来不缺零花钱，还不至于为了这500元就一声不吭地把书藏起来。

可怜的小吴，完全不知道妈妈一个人内心上演了这么多大戏。

小吴妈妈又开始了第二轮寻找，这次连沙发下都没有放过，可还是一无所获。小吴妈妈累得气喘吁吁的，仿佛已经钻进了牛角尖，非得找到那本书和500元。

小吴妈妈把小吴叫出来："我前两天放在客厅的书，你看到没有？"

小吴立刻回道："是不是一本红色封皮的书？"

小吴妈妈一听："啊哈，原来是你小子拿了！"

小吴赶快举起双手，一边往后退，一边解释道："妈妈，妈妈，你听我说，我是看到那本书，可我没拿呀！"

"书在哪里？"妈妈不相信地说。

"我昨天看阳台上放着一本红色的书，不知道是不是你说的那本。"

小吴妈妈飞奔到阳台，果然书在桌上放着，翻开书，500元还好好地夹在里面呢。

小吴看着妈妈，无辜地说："事实上，我昨天看到这本书掉到了阳台地上，我把它捡起来，放到桌子上的，里边还有500元，没我的事了吧？"

小吴妈妈平静下来后，深刻地进行自我检讨，觉得自己太莽撞了，找东西找得急躁了，完全失去了理智，还把火气都撒在小吴头上。

等到小吴再从房间出来的时候，妈妈说："我错了，不该冤枉你，我真诚地向你道歉。"接着，妈妈递给小吴刚洗好的水果，请小吴享用。

"妈妈，你太夸张了吧？"小吴吃着水果，笑眯眯地问妈妈。

"不夸张、不夸张，"妈妈连连摆着手，"生活需要仪式感，认错也要有真诚的态度。"

小吴妈妈用自己的诚恳态度，化解了和小吴之间的误解，没有让那本失而复得的书和500元成为亲子教育中的绊脚石。但是，妈妈即使处理得再好，都不如一开始就控制好情绪，不在事情没有明朗之前波及无辜，尤其是未成年的孩子。

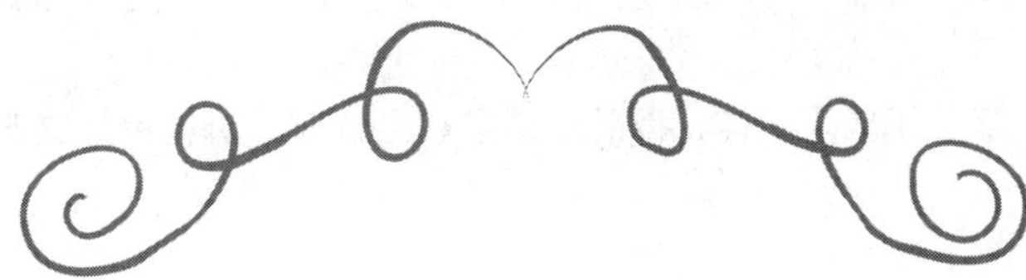

第 8 章

让孩子养成文明礼仪习惯

当孩子迈进学校的大门，开启一段独立的社交时，能否很快得到集体的认可，关键在于孩子是否能通过文明社交赢得别人的信任。

8.1 把“请”“谢谢您”“对不起”挂在嘴边

> 孩子和成人一样，都喜欢遵守社会秩序、具有良好文明习惯的人。

一般我们能接触到两类人：一类人总是彬彬有礼，总是把“请”“谢谢”“对不起”这样的话挂在嘴边；另一类人从不知道使用文明语言。第一类人一定是家庭教育非常好的，而第二类人基本上就属于家庭教育缺失。家庭教育缺失表现在两个方面：一方面是家长真不懂，自己都不知道要这样做；另一方面是家长溺爱和纵容孩子，不能严格要求孩子。

这两类孩子，无论做什么事，即使由同一个人评判，结果都是不一样的。

有一次，学校举行歌咏比赛，经过激烈的角逐，最后两支队伍表现不相上下。但是只能选一支代表学校参加比赛，评委们专门为这个问题进行讨论，最后决定留下其中一支队伍。原因很简单，这支队伍开场和谢幕致辞比另一支队伍做得好。另一支队伍就这样失去了一次机会。

被选中的这支队伍和落选的队伍相比，可以说在技术水平上不相上下，但是落选的队伍却在文明礼仪方面有所欠缺。看似是一点点的分数之争，背后体现的却是整个团队的文明水平。

做有礼貌的人，更幸运。

有一年，电视台在我们老家选景拍电视剧，当时围观的孩子很多，其中四年级的小宁落落大方、很有礼貌，给导演留下了深刻的印象，不仅为自己赢得了一个小角色，更重要的是他们之间建立了联系。后来，小宁虽然没有走影视路线，却得到了这名导演在学业规划上的许多指导。

做有礼貌的人，能很好地化解矛盾。

有一次，单位组织到社区义务劳动，我们遇到一个孩子，准确地说，是一个小学生。当时，社区广场上有很多市民在活动，一个两三岁的孩子也挤在人群中。这个小学生不小心碰倒了孩子，他立即把孩子扶起来，哄着孩子。孩子妈妈三步并做两步地跑过来，小学生立即向孩子妈妈道歉，孩子妈妈一看小学生这么有礼貌，态度也好，笑了笑没说什么。

做有礼貌的人，这体现的是家庭的教养。

有一段时间，同事的孩子都随着父母上小学。乐乐也是孩子中的一个。乐乐爱阅读，经常静悄悄地坐在一边，安安静静地看书，有问题也是悄声地问我，尽量不打扰到我的同事。另一个孩子却特别话多、事多，不停地问问题、跑进跑出。两个孩子对比非常明显，一个年长的同事不止一次地表扬乐乐懂事，有礼貌。

成年人喜欢听好话，孩子也不例外。乐乐听了同事的表扬，越发地表现好，更加彬彬有礼。

要想孩子成为有礼貌的人，家长一定要从自身做起。家长如果讲礼貌，孩子耳濡目染，就会以同样的语言方式和别人交流。

虽然有的家长不懂礼貌用语，孩子也能成长得很好，但不能否认，这样优秀的孩子一定经过了痛苦的蜕变。当别的孩子习以为常地文明交往的时候，自己面对的却是刚刚开始的笨拙的学习。

做有礼貌的人，家长要警惕孩子偶尔冒出来的脏话。

有一次，我从乐乐嘴里听到了脏话。当时我很震惊，但没动声色，而是仔细观察，我发现几乎没再出现同样的情况，就没再理会。几天后，乐乐偶尔说到和几个孩子在一块儿玩一款游戏，我才明白，原来是受到游戏的不好影响。后来在空闲的时间里，我就尽量多带乐乐出去玩。

孩子的事情，必须于细微之处开始引导。

8.2 不乱拿别人的东西

> 孩子任何不符合常规的小毛病，都可能追溯到家庭教育的不当或缺失。

“妈妈，我们班同学都不喜欢小溪，她总是乱拿别人的东西。”

“妈妈，我和小溪同桌，今天我找不到我的彩笔，最后发现在小溪的桌斗里。”

“妈妈，今天又有两个同学和小溪吵起来了。”

“妈妈，今天小溪被叫家长了。”

这段时间，乐乐每天都要汇报小溪的消息。我知道，一年级的孩子确实受集体的影响比较大。

一开始我并不在意，听得多了，我就留了个心眼。再去接送孩子的时候，我就注意听同班家长的讨论。

“昨天，小溪又拿别人的东西，让同学告诉老师了。”一位家长说。

“这都不是一两次了，听孩子说，小溪几乎天天都做这样的事。我们孩子坐在她旁边，可有点倒霉了。”另一位家长愤愤地说。

“这孩子，又不是家里条件差，干吗总是喜欢乱拿别人的东西？听我孩子说，连同桌的课本，小溪有时候也会放到自己的书包里。”

…… ……

我对小溪的家庭有了大致的了解。小溪的爸爸妈妈工作比较忙，平常都是爷爷奶奶接送。其家庭条件也是比较好的。妈妈们聚到一块儿谈论，都不明白为什么小溪会有这样的小毛病。我想，这样的事情，最容易发生在低年级孩子身上，主要还是因为家长教育的缺失。

乐乐念叨过好多次，最令他不高兴的事情就是每次回老家，总是发现自己喜欢的玩具、书籍减少了；之后，又发现这些东西都在邻居家里出现。

玩具、书籍都是乐乐的心爱之物。上学的时候，乐乐每周都要回老家，就没有随身携带。可是，邻居的孩子隔几天就来，总是想方设法地拿走点儿，孩子奶奶顾及邻里情面，只好答应。

我们暂不讨论奶奶没有维护乐乐的物品，仅就邻居家长来说，怎么能允许孩子拿走别人的东西？

有一次，邻居家的孩子又来了，就非要到乐乐的房间玩。一进房间，孩子就乱翻，书架低处的东西翻完了，又盯上了书架高处的东西。乐乐一再交代，书架高处的东西不要拿下来，容易损坏。过了一会儿，趁乐乐上卫生间时，孩子踩着书桌就往上爬。由于着急去拿，结果没拿稳，手办一下子掉下来，摔坏了。乐乐气得把孩子推出了门。

孩子毫不在意，孩子家长也笑嘻嘻的。

你以为这就结束了？不！

午餐结束后，熊孩子一家终于要离开了。

恰好，桌子上有一大包刚买的炒花生和一个玩具小猪，孩子左手抱花生，右手抱玩具小猪，不撒手了。孩子家长毫不阻拦，居然在旁边笑嘻嘻地说："又看上这个了。"

再说回小溪，后来，小溪的爸爸妈妈开始重视这件事，和小溪多次沟通，每天都过问小溪在学校的情况。渐渐地，小溪就不再乱拿别人的东西了。孩子真的不是天生品行败坏，不好的习惯可能就是家长一开始疏于管理造成的，只要家长能担起责任，孩子真的可以做得很好。

8.3 人际交往不霸道

孩子良好社交的开端，是具有正确的人际交往。因此，家长一定要做好示范。

由于工作原因，我见到过很多孩子身上发生的事情，是父母不能严格教育孩子，溺爱、纵容孩子造成的，或者是因为没有正确示范造成的。曾经有一个一年级的孩子小罗，他身上就发生了这样的事。

小罗虽然才上一年级，却长得很壮实，站在同班同学中间很是显眼。所以老师们一开始就非常关注他。

开学第一个星期，小罗就开始频繁出入办公室，打同学的小报告，比如谁上课说话了、下座位了，谁不借给他东西了，所有老师只要一提到小罗就开始扶额。

这是一个“常有理”的孩子。

课堂上，老师一开始上课，小罗就会小声说话，别的同学稍有动作，小罗立即报告阻止，全然忘了他是一个学生，要遵守课堂纪律，不能随意扰乱课堂。

听到上课铃声，小罗不是快速地回座位，而是拿着课本，狠狠地摔在讲桌上，大声要求同学们快速坐好。尽管小罗喊得声嘶力竭，同学们还是按着自己的节奏，该怎么做还是怎么做。

小罗看到同桌的彩笔很好用，就要求同桌的彩笔只能借给他用，还要求好朋友只能和他玩。

因为小罗的霸道、散漫和强烈的控制欲，班上的孩子没有几个愿意接近小罗，可小罗长得人高马大，孩子们又害怕他。虽然老师多次进行说服教育，但是小罗完全没有任何改变。这让老师们意识到，必须让家长严格教育、适当引导，可是小罗妈妈一再推脱。

真正让小罗妈妈认识到事情的严重性，愿意认真管教小罗的，还是后来发生的一件事。

一开始，是另一位同学的家长找来，小罗看中了同学的一盒彩笔，用一块儿橡皮强行换走了。同学很不开心，直到家长发现才说实话。还好，小罗就随身带着彩笔，很快老师就要求他还了回去，还对他进行了一番教育，并告知了家长。

小罗妈妈依然轻描淡写地谢过老师了事。老师已经不指望小罗妈妈会有什么特殊的表现了。

可是，一星期后，小罗妈妈却主动来到学校。

原来，小罗妈妈是做玉石生意的，前两天，她竟然发现家里存放的玉石少了两块，盘问小罗之后，才知道小罗竟然拿来和同学换了玩具，她希望老师帮忙联系同学家长。

小罗的行为，你能说他是个坏孩子吗？不是，他根本没有物品价值的观念。所以，他能干出用橡皮换整盒彩笔的事情，也能干出用玉石换玩具的事情。没有物品价值观念，学校可以慢慢教。可是，在别人不同意的情况下强行交换，这是家长教育的缺失，是霸道行为。

后来，事情就简单了。小罗妈妈在老师的指导下，每天耐心地和小罗交流，鼓励他和孩子们正常交往，和他一块儿看视频学习正确的交往方式，进行角色表演。终于，小罗有了新的变化。

8.4 不随意打断别人，学会倾听

人际交往中，一定要让孩子学会认真倾听，不随意打断别人。

最近，只要妈妈一开口，无论妈妈说什么，小罗就立即打断：“我知道，我知道，就是……”接着就说不上来了。一开始，妈妈以为小罗嫌弃自己啰唆，总是抢话，如果是自己的问题，自己先改正，再让小罗注意。可是，妈妈发现，小罗在和同学、小朋友交往的时候，也是这样的，往往让正在兴头上的小伙伴情绪低落，没有了交流的欲望。小罗妈妈知道，必须想办法让小罗纠正。

回到家里，妈妈和小罗谈论和同学交往要注意倾听的话题，小罗满不在乎地说："我就是控制不住，他们说的话题我太感兴趣了，我若不赶快表达出来，就不痛快。"

"可是，小朋友正说得高兴，你突然打断，他会高兴吗？"

小罗没有说话，可还是一副不服气的样子。

"这样，我们今天先试一试，我扮演你，你扮演我，你只要说话，我就打断怎么样？"

小罗虽然不太情愿，但还是配合妈妈。

整整一天，只要小罗一开口，妈妈就说："我知道，我知道。"事实上妈妈真不知道小罗要说什么，小罗要说的话都生生地噎在了喉咙里，可就是没有办法让妈妈听听自己想说什么。

等到晚上，小罗不好意思地向妈妈承认，自己说得痛快时被人打断的滋味真不好受。

妈妈想了想，认真地告诉小罗，很多时候不是我们说得越多，别人越喜欢我们。和别人交往时，学会倾听是对别人的一种尊重，也能真正知道别人想表达什么。

若孩子不倾听别的同学讲话，时间长了，还有同学愿意和孩子交流吗？如果孩子在课堂上不停地打断老师，就不可能学会更多知识，更主要的是扰乱了课堂纪律，影响了别人。

所以，如果孩子总是不管不顾地打断别人，不仅会使别人不高兴，还会破坏和他人之间的友谊，更不可能完全理解别人的意思。

孩子现在还是一个小学生，接触到的知识还很少，如果不养成倾听的好习惯，将来怎么能学习更深入的知识呢？

8.5 不背后议论别人

> 孩子管不住自己的嘴巴，在同学之间互相传话、说坏话，家长一定要教育孩子改正。

小凤妈妈很苦恼，因为同学们孤立了小凤。小凤一下子少了很多小伙伴，就连平时经常来家里玩耍的两三个同学也不来了，她不由得围着妈妈哼哼唧唧的。

事情的起因很简单，小凤一向喜欢说话。可是，到四年级后，小女孩都有了自己的小秘密，有时还会说些悄悄话。小凤一向大方，好朋友很多，于是听了许多的小秘密。可是妈妈又很忙，没顾得上和小凤好好交流。终于有一次，小凤忍不住和一个同学说了另一个同学的小秘密。

这种事情一旦开了头，就容易失去控制。那段时间，小凤就在同学之间传着话，加上添油加醋的一些话，同学之间的关系变得很微妙，好像中间有暗流涌动一般。可小凤一无所觉，仍然来来回回地说着。

终于有一天，小凤成了同学们眼中的叛徒，谁也不愿再理她。

看到孩子苦恼，小凤妈妈决定必须改变这一切。时间可以让人遗忘很多，何况是小孩子之间的无心过错。

小凤妈妈先给小凤讲了人际交往的规则，又告诉小凤，和同学们相处必须真诚，有什么话要坦诚地互相沟通，不能背后议论别人；给小凤讲了“两面三刀”的成语故事，告诫小凤做人要表里如一，不能在同学之间搬弄是非；若做错了事，要和小朋友真诚地道歉，小朋友一定会原谅她的。小凤妈妈还请了小凤原来的几个好朋友来家里玩，让小凤真诚地道歉，帮助小凤进步。

8.6 不给同学起绰号

> 小学生之间互相起绰号，如果是友好的、正面的，比如“英雄”等，同学又欣然接受，家长可以不必过于在意和干涉。但当绰号涉及人身攻击、不友好时，家长一定要及时制止孩子，进行相应的教育。

小来这两天有点不高兴，因为班上流行起绰号，比如“喜羊羊、奥特曼、海贼王、柯南、小丸子、蜡笔小新、火影忍者”等。

小来没有什么特殊的地方，学习、体育等方面在班上处于一般水平，于是，同桌灵机一动，在小来的名字上动脑筋，根据谐音叫他“小赖”。

小来虽然没有什么突出的优点，但确实是一个很遵守纪律的孩子，怎么能忍受这样的绰号？同桌这样一叫，正在疯狂起绰号的同学们就一起大叫起来，全然不管小来的感受。小来气愤得快哭了，但没有人认真地去想，这样叫小来会对他造成的伤害。

到底怎么处理这件事呢？小来妈妈查了很多资料，先安慰了小来，告诉小来，这世界是多样的，有美好，也有丑恶，我们既能接受美好，也要面对丑恶。不必过于紧张，一起来寻找解决问题的办法。

接着，小来妈妈又反复和小来沟通，想找到解决问题的契机。

小来很气愤，断断续续讲了许多，小来妈妈仔细梳理，算是了解了事情的大概经过。

原来一开始，是因为同学们集体观看了一部安全教育影片，对影片里的一个人物非常感兴趣。于是，对号入座，就给班上一个经常帮助别人的同学起了人物名字的绰号。这个同学非常高兴，同学们一看，叫得更起劲了。

热度持续了几天，有些同学看了非常羡慕，就故意模仿自己喜欢的影视角色，很快也收获了自己满意的绰号。

谁知道，有一次一个同学拿了一本民间故事，其中有一个书生的形象为“江南才子”，他非常勇敢机智，大多数同学都很喜欢，这个名字给谁当绰号呢？同学们集体讨论，恰好班上个子最矮的同学，平常很机灵，也没有喜欢的绰号，“江南才子”就这么叫了起来。谁知道，小学生太调皮了，“江南才子”叫着叫着就变成了“江南菜籽”，他们用这样的绰号来形容这个同学的个子小。

有了开头后，同学们的绰号慢慢就变了味，于是就有了后来的“小赖”。

小来妈妈了解了事情的始末。告诉小来，首先要解决自己的问题，不能再以绰号称呼任何同学；然后告诉他，对同学们的称呼，也不要回应。接着，小来妈妈火速联系了老师，愿意在班上的主题班会上分享经验。

小来妈妈精心准备，带来了同学们喜欢的《木偶奇遇记》中匹诺曹的小故事。

匹诺曹刚来到公立学校的时候，孩子们也是不断地开各种玩笑。后来，匹诺曹被缠得忍不住向那个最过分的同学说：“小心点儿，孩子们，我上这儿来可不是给你们当小丑的。我尊重大家，希望大家也尊重我。”

接着，同学们又欣赏了绘本《我喜欢美好》。

小幽灵的名字叫美好，他喜欢一切美好的东西……

美好的故事结束了，优美的音乐响起，同学们伴着音乐，轻轻唱起：“让我尊重你……”

没有太多说教，只在结束时，老师轻轻提了一句：“我们是相亲相爱的一家人，我们互相尊重，一切将会更美好。”

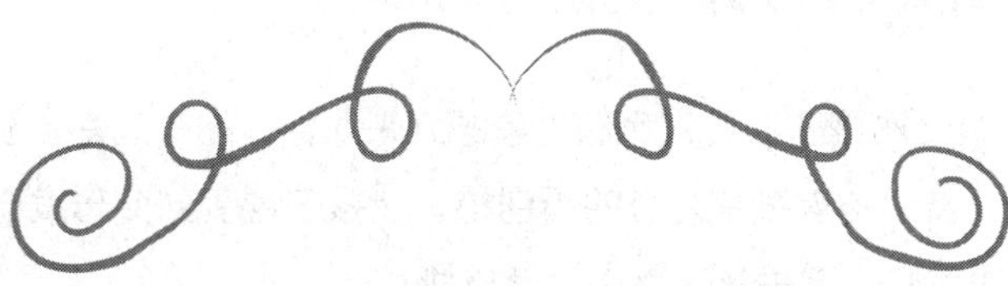

第 9 章

用爱架起沟通的桥梁

教育最重要的是信任，孩子只有毫无保留地信任父母，才有可能听从父母的教育。所以父母在教育孩子的时候，一定要注意时刻和孩子保持融洽的亲子关系，用爱滋养孩子。

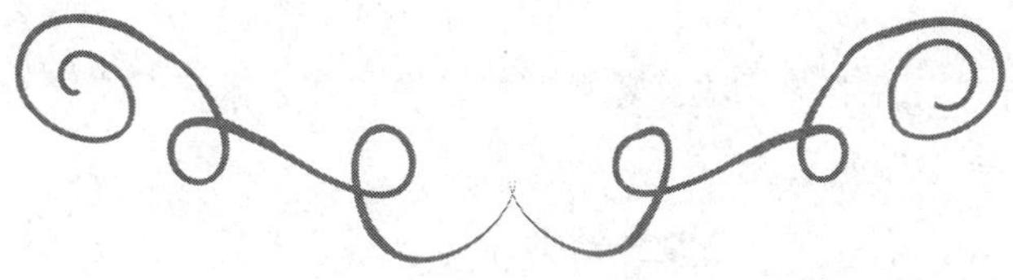

9.1 和孩子保持融洽的亲子关系

> 始终把孩子当成和我们平等的人来对待，细心观察孩子的小情绪，及时疏解孩子内心的小别扭，让孩子感受到父母发自内心的爱和关怀，促进孩子身心的健康成长。

9.1.1 蹲下来和孩子平等对话

> 有些玩笑开不得，妈妈要重视孩子微妙的心理变化，及时化解。
>
> ——真真妈妈的记录

真真上二年级了，可老师时不时地打电话让我到学校，原因只有一个，真真经常不和老师打招呼就在课上时间跑到校园的角落里，独自待着。

我问真真为什么，真真都说没事。我虽然疑惑，但也一直弄不明白，打算先观察观察再说。

直到有一天中午放学，真真没有回来，我才意识到事情大了，赶快发动亲友四处寻找。

晚上，我们终于在附近书店的角落找到了真真。孩子蜷缩在我的怀里，不住地颤抖，不停地抽泣着："妈妈，妈妈，不要送我走……"

我的心狠狠地抽搐着，蓦地想起一个月前的事情。

有一天，电视上正在播放寻亲节目，邻居随口说道："真真，你也是抱养的，什么时候回去找你亲妈呀？"

真真没有吭声。邻居见状，又故意逗真真："看你妈妈都没有说话，你要不相信，问问你妈妈？"见真真有点儿发窘，我忙向邻居使了个眼色，阻止她说下去，并告诉真真："别听她瞎说，你是我亲生的。"

我以为这件事就这样过去了，邻居开玩笑的话，谁都没有当回事，晚上，我照常辅导真真，和平常一样严厉。现在想来，当我批评她的时候，孩子露出了委屈的眼神，是不是那时候就已经种下了疑惑的种子？别人无心的玩笑，对于孩子来说，却是致命的伤害，孩子这一个月到底是怎么熬过来的呢？

我认真地反思自己：平常我对真真是不是太严厉了？对孩子的情绪变化是不是不够敏感？除了学习，我是不是对孩子的其他想法忽视太多了？

我又想到，儿时的一个小伙伴，因为别人的玩笑，真的收拾了几件衣服离家出走，要去寻找自己的亲娘。当时，我们对小伙伴的事只当作笑话看。现在事情发生在自己孩子身上，才知道父母遇到这样的事是多么惊慌。现在，我必须把真真的事当成头等大事来办。

回到家后，我一直陪伴着真真。等孩子的情绪平静下来，我找来孩子的出生证明和所有能证明我们是亲子关系的证件，蹲下来搂着真真，认真地告诉真真，我就是她的亲生母亲。并找出真真小时候的照片、视频和养育记录，一点儿一点儿地和孩子回忆。还郑重地为我没有在邻居开玩笑的时候维护孩子，事后也没有直接拿出证据，没有告诉孩子邻居的话是假的，和真真道歉。最后，我和真真约定：“妈妈以前对你太严厉，从不告诉你原因，以后我们都要把自己的所想告诉对方。”

真真逐渐平静下来。这件事让我充分认识到，教育孩子时，无论任何时候都要注意，对孩子严厉不是让孩子害怕，而是要求孩子遵守规则。在生活中，父母与子女之间还要有足够多的情感交流。

我对真真很严厉，遇事又从不过多解释，对孩子心里造成的伤害不会因为这次我做了解释和保证而很快地消失。接下来，我要做到和孩子约定的一样，慢慢取得孩子的信任，这样真真才能在我的指引下健康地成长。好在现在还不是太晚。真真的事情，看起来是个例，但何尝不是因为我们忽视了和孩子的平等交流，只一味地严厉，使得孩子有话不敢说才造成的？

9.1.2 保守孩子分享的小秘密

> 孩子的无心之言，不能被无限地放大，否则会被孩子理解成理所当然，这时就要花费很多的时间和精力才能解决。
>
> ——小山妈妈的懊悔

小山马上要上三年级了，今天开学，小山迫不及待地去报到，回来后却闷闷不乐。我很诧异：“怎么了，小山？”

小山不高兴地说：“妈妈，我们换数学老师了，我不喜欢新的数学老师。”

“为什么呀？”我随口问。

“我们新数学老师的脸上有个黑麻子。”小山气呼呼地甩下书包，说道，“我就是不喜欢她。”

我并没有把这当成多大的事，聊天时把小山的话当成了笑话讲给邻居听。很快，很多人看到小山后都要打趣地说："喜欢不喜欢麻子老师教你呀？"

打趣的次数多了，小山越来越讨厌数学，也越来越不喜欢去上学，每天上学都是磨磨蹭蹭的。

我意识到了事情的严重性。可能这就是重复叠加的作用，一开始一个人有这种想法时，可能还只是困惑，但越来越多的人都重复同样的话，效果就会被无限地放大。

小孩子的世界非黑即白，也最容易受别人的干扰，何况那么多人在不断强调他的判断。我很后悔，如果最初小山告诉我这件事时，我能好好地和孩子交谈，让孩子知道老师的好，不能以貌取人，事情就不会发展到今天这种地步。

我最初的漫不经心和邻居的打趣，已经在孩子的心中形成了很深的印象。我在孩子最该得到帮助、指导的时候，把孩子的情绪反应和求助当成了笑话，周围的人又助长了这种气焰。于是，小山在日复一日的重复中，无措地选择了相信自己的直觉，越来越讨厌新数学老师和数学课。为此，我必须想办法打破这个壁垒，让孩子重新改变对数学老师的印象。

周末，我特意和小山看了《丑小鸭》的动画片。在愉快的氛围中，我和小山边看边交流，不断感叹丑小鸭遭受到的不公正待遇，惊叹丑小鸭的努力和坚持，赞叹丑小鸭变成白天鹅后的美丽。

对于这样的氛围，我真的不忍心打破。最终，我只是在动画片结束时，不经意地说了句："听说你们班数学在这次考试中得了全年级第一。"

小山好似一时没有转过弯来，愣愣地点了点头。

"我们不应以一个人的外在去评判他，而是应该看到他好的那一面。”

小山没有说话，这就够了。让孩子消化一下吧，他一定会明白我的意思的。

自从和小山谈论过丑小鸭的故事后，孩子似乎有了一些触动。我没有刻意再提这个话题，但会每天和孩子交流时提上一两句，谁谁说数学老师怎么好、教学质量怎么高。我知道，与其我以教育的口吻说教，不如借别人的口告诉孩子，效果会好得多。我还郑重告诫邻居们，不要再和小山开关于老师的玩笑。终于，小山慢慢不再提怎么不喜欢数学老师的话，还期盼着上数学课了。

孩子的每一句话、每一个小情绪，可能都在不自觉地表达自己的诉求，孩子需要我们的引导，才能健康地成长。我们不能盲目地把孩子求助的小秘密公布于众，因为无意的围观有可能把小事扩大，在孩子成长过程中造成不可估量的伤害。

9.1.3 不说破孩子的隐秘心事

> 出身和家庭没办法选择，当这些都成为孩子的沉重负担时，我们能做的就是尽量让孩子减轻包袱，轻装前进。
>
> ——小龙监护人舅舅的感悟

今天，我又被老师请到学校，因为小龙又一次和同学打架了。自从几周前发生的事情后，小龙就隔三岔五地在学校和同学闹矛盾。

小龙今年上六年级，是开学初转过来的。小龙刚转学到这所学校的时候，戴着眼镜，一副很儒雅稳重的样子。课堂上，无论语文、数学、英语，他都是积极主动回答问题，老师们很喜欢他，他和同学相处得也很好。

我是小龙的舅舅，现在是小龙的监护人。两三周前的一个雨天，小龙在上校车时不小心受了伤，我匆匆赶到学校。

情急之下，我就在办公室拜托班主任多照顾一下小龙，跟班主任说小龙的爸爸在一次事故中丧生，小龙的妈妈精神状态不好，所以小龙由我抚养。当时我完全忽略了还有肇事者在场，谁知，肇事者却把小龙父母的事传了出去。

我没想到，事情完全脱离了我的控制，同学们纷纷议论此事。小龙已经完全没有办法面对，也不知解决问题的办法，只能不断地和挑起问题的同学发生冲突。短短的两三周时间，他打了大大小小五六场架。单纯地批评小龙，已经没有任何意义。关于父母的事实无法改变，哪怕是成年人，也不可能面对别人的嘲笑而无动于衷。

我知道，小龙内心里受了伤，假如那天我没到学校，没和班主任说起小龙的爸妈，就不会发生这样的事。

就从最根本的地方解决问题吧。

“小龙，舅舅为上次的事情向你道歉。”

“嗯？”小龙疑惑地看着我，原以为我要批评他。

“舅舅还想看到一个月前的你。”我艰难地说。

小龙没有说话，眼神躲闪着。

“舅舅把事情搞砸了，我们换个环境，从头开始。”我认真地盯着小龙。

许久，小龙缓缓地点了点头，转过身，我分明看到了孩子眼角的泪珠。

这样的事情，对孩子来说，实在太难面对了，就让小龙重新开始吧。离开现在的环境，到一个没人知道自己家庭问题的地方重新开始，未尝不可。保护孩子，一点儿都不能忽视，尤其是孩子的心理安全和自尊。

9.1.4 不在公开场合打击孩子的自尊心

> 孩子向父母展示作品，不管是关于学科考试类的，还是需要动手实践类的，都是孩子经过辛苦努力做到的，家长一定要正确评价，激励孩子；反之，则会极大地打击孩子的积极性，也会使孩子逐渐失去和家长交流的兴趣。没有了融洽的亲子关系，以后怎么能教育好孩子呢？
>
> ——看到一位父亲呵斥孩子展示作品的启示

接乐乐放学回家的路上，突然听到孩子的声音：

“爸爸，看我做的恐龙，爸爸，看我做的恐龙。”一连串欢快的声音从身后传过来，我和乐乐停下脚步，扭头望去。

只见一位戴着头盔的父亲，驾驶着电动车，孩子坐在后座上仰着头，举着手里的手工恐龙从我们身旁经过，爸爸的声音陡然响起：“你弄的是什么！成绩一点儿都不中，弄这可得门儿……”

“妈妈，小朋友做恐龙又没有错，那个爸爸为什么要批评？做恐龙也是学习，怎么说成绩一点儿都不中？妈妈，那个爸爸为什么不听小朋友把话说完？”

听，乐乐的三连问。

父子骑车远去了，我们没有再听到孩子是否又说了什么。不知道这位父亲究竟遭遇过什么，是生活不如意，还是今天工作不顺心？还是他认为孩子只要成绩好就行了，其他都不重要？或者他认为没必要和孩子沟通，孩子只要一切听指挥就可以了？

我相信，在不久的将来，这个孩子终会与父亲渐行渐远。在最该陪伴孩子、与孩子建立紧密联系的年龄，孩子满怀期待地与爸爸分享成长的喜悦，得到的只是冰冷的呵斥，没有心灵的交流和爱的回应，孩子爱的大门将提前关闭。

我蹲下来，握着乐乐的双手，看着他的眼睛认真地告诉他：

“这位爸爸做错了，小朋友做出恐龙说明他动手能力很强。孩子要成长，不仅要学习文化知识，还要在实践、艺术等方面全面发展，爸爸只看重孩子的知识学习，在本质上是错误的。

“另外，这位爸爸不尊重孩子，不管什么原因，当孩子向父母表达什么的时候，父母都要做到认真倾听。即使有不同意见，也要和孩子平心静气地表达，要知道，即使是孩子，也是独立的生命个体。如果父母单方面使用身份威压，必将遭受孩子的反抗，父母和孩子就很难回到正常的交流了。”

“那就是说，不管大人小孩，都是平等的，要相互尊重？”

“对，不仅要相互尊重，还要有爱。家人之间一定要充满爱，被爱滋养大的孩子才有面对生活中各种苦难的勇气。”

乐乐眨眨眼睛，困惑地望着我。

“还记得《我们仨》吗？”

“就是杨绛先生写的那本书。”

“是的，杨绛先生是一个被爱滋养大的孩子，她的一生遭遇了种种不公平待遇，晚年还经历了丈夫去世、独生女早逝。可因为她有丰盈的内心，她处变不惊，仍然坚持写书，整理书稿，活出了高质量的一生。”

父母和孩子是个永恒的话题，可是又有多少人具备做父母的正确姿态呢？我们从小就学会了爱、尊重、平等，可又有多少人能真正在生活中践行呢？

9.1.5 不和“别人家的孩子”做对比

> 父母不停地拿自己的孩子和别人的孩子做对比，孩子感受到的会是父母对自己的挑剔和不满，没有了被爱的感觉，孩子也会爆发负面情绪。这种情况下教育又从何谈起呢？
>
> ——淙淙妈妈的日记

“小庆小庆，天天小庆，你怎么不生个小庆一样的孩子？”

“小庆多好多好，天天拿我跟小庆比，我拿你跟别人比了吗？别人的爸妈是教授，是董事，我也这样比？”

淙淙的话，像一记记重锤，敲在我的心头，噎得我哑口无言。我不禁想到自己小时候，父母也总是说，看人家怎么样，你又怎么样！每当听到这样的话语，我就特别反感，怎么到了自己的孩子，我又不假思索地传承了父母的教育方式？

我有什么权利这样对比？这对淙淙是不公平的：孩子们有着不一样的家庭、不一样的父母、不一样的生活环境，我为什么单单要求淙淙向小庆看齐？就像淙淙说的，我为什么不对自己要求更高一些呢？我应该努力提高自己，做孩子的榜样，而不是动不动就指责他、拿他和别人对比。我从思想深处就没有把淙淙和我放在平等的位置，孩子怎么会在这“双标”的要求下听我的呢？

淙淙的同学，学习成绩参差不齐，淙淙不算最好的，但也算不上差，我怎么老是拿最好的和他对比呢？就像淙淙说的，同学家长来自各行各业，身份差别也很大，我怎么不和他们比呢？

看我沉默下来，淙淙也好长时间没开口。我知道，孩子心里憋着一口气，我有错在先，如果我不能认错，这孩子是不会先低头的。

“淙淙，妈妈一直都认为你做得很好，之所以还提意见，是希望你能做得更好，只是妈妈的方式错了。”我艰难地开口。

淙淙看着我，没有开口，好似在等着我说下去。

“妈妈做得不好，老是说着这样的口头禅，真的让人很不舒服。以后妈妈绝不这样说，有什么要求，你直接提，我们商量。”

我慢慢地说完，看着淙淙，虽然我俩都有点不自然，但是最终淙淙和我都不好意思地笑了。

我郑重地把这一条写了下来，用便利贴贴在书桌最显眼的位置，让它时常提醒我今天发生的事。是时候改变自己了，那就从改变自己的思想、日常语言开始吧。

9.1.6　手腕划满刀痕的秘密

> 家长对孩子的爱，一定不要越界。当关爱成为沉重的负担，当孩子忍无可忍，终将与家长渐行渐远，还谈什么教育？
>
> ——程程妈妈的记录

看着程程手腕上纵横交错、新新旧旧的刀痕，听着程程缓缓吐出的两个字“窒息”，我的脑袋一下炸了，眼泪忍不住喷涌而出。我怎么都不敢相信，这是一个五年级孩子说出的话。我搞不明白，自己为其倾尽全部心力，孩子为什么这样伤害自己？

事实上，和程程的冲突从他进入四年级就开始了。一般程程不满意的时候，都是直接口头抗议，或消极抵抗。可进入五年级以来，每次发生冲突后程程更加难以说服，还规定没有他的许可，我不得进他的房间。

可我万万没想到，程程会做出在手腕上划满刀痕这样的事情，这令我心力交瘁。孩子的问题必须解决，我先后求助了班主任、三甲医院青少年精神科、当地教育部门的中小学生心理健康中心，还购买了许多心理学方面的书。

班主任老师讲了这样一件令人唏嘘的故事：

一位年轻的女教师，特别喜欢班级里的一名小男孩——她的课代表。她每天都要过问孩子的学习，关心他的生活。

有一段时间，因为孩子爸妈的事情，孩子情绪低落，经常一个人暗自伤神。这位女教师不仅免费辅导孩子作业，留下孩子补课，给孩子买饭，还每天找孩子谈心。不知道他们之间都谈了些什么，只知道，孩子逃离了，是思想逃离了——不再收取作业，不再写任何作业和回答问题……

班主任老师还借给我一本小说，上面有一篇文章：

一个被抛弃的女婴，被小镇上的夫妻收养，夫妻条件优越，待人也很好。

小镇很小，小镇上所有事都不是秘密，小女孩的事大家都知道。每个熟识的叔叔、阿姨、大爷、大娘看到小女孩，都要扯到被抛弃、被收养、要感恩。

可怜的小孩，躲也无处躲，藏也无处藏，每每端着一张笑脸麻木地听着，还要频频点头。

成年后，小女孩选择了逃离，在她卧室内的桌子下方，刻着深深的两个字：逃——逃——。可能，多少回，小女孩独自躲在桌子下暗自疗伤，可周围的人却一次又一次打着爱的旗号揭开孩子心头血淋淋的伤疤……

孩子柔软的内心是不能任意碰触的，即使是爸妈，也很难百分之百地把握好这个度，何况在我们周围，他人嘴里的“为了你好”常常化为刺向孩子心灵的尖刀。

结合这两个事例和三甲医院青少年精神科专家给出的意见、当地教育部门的中小学生心理健康中心的深谈，再看看我买的书籍，我慢慢认清一个现实：

我一直在试图包办孩子的一切。可程程从进入四年级开始，自我意识逐渐觉醒，直到五年级，他的反抗意识越来越强烈，而我还一直在用看待小孩子的眼光对待程程。

比如，几个小朋友一块儿在院子里玩耍，我不放心，一定要跟着看着；孩子的朋友，我一定要清楚有哪几个，不合适的得按我的意思不和对方来往；孩子喜欢什么、怎么安排课余时间，都得听我的安排……

这些完全不是因材施教，而是不尊重个体的成长，这样的方式必然导致孩子的反抗，可是孩子又无力完全脱离我的控制，可想而知，孩子的心里多么痛苦。

我不禁想到自己的少年时代，也很不喜欢家长对自己事事干涉，怎么到自己的孩子，还是重蹈覆辙呢？我决定彻底改变自己，从尊重程程做起。

不再代替程程做规划，我只负责提建议。

不再不打招呼出入程程的房间。

不再乱看程程的日记。

不再时时刻刻盯着程程（保证安全）。

不再时时刻刻盘问孩子所有的事情。

不再干涉孩子交朋友。

当然，我做这些，主要是在和孩子交往中尽量做到不越界。但学习方面、人生观、价值观，我以身作则和引导，教育孩子不走偏。

真正做到因材施教，绝不是简单地读几本教育著作就可以解决的，还要有对人性的把握、对个体承受的理解、对生命的怜悯与尊重。当不能解决的事情发生时，宁愿悄悄关注，伺机而动，也不要贸然出手。不要让关爱成为孩子沉重的负担。

9.2 用严要求帮助孩子戒掉小毛病

我在很早的时候读过一个小故事：在沙漠里，狂风大作，黄沙漫天，旅人战战兢兢待在帐篷里。这时，骆驼把帐篷顶开了一个小口子，把头伸了进来。旅人心软，还挤了挤，给骆驼让出了一些地方。谁知，随着风沙越来越大，骆驼干脆把旅人拱出了帐篷。教育孩子也一样，如果没有原则地退让，孩子很容易得寸进尺，放松对自己的要求。我们对孩子的爱、平等、尊重，是建立在严要求的基础上的，要帮助他们杜绝小毛病，养成好习惯。但同时，严要求也要讲方法，让孩子乐于接受。

9.2.1 改掉一写作业就吃喝拉撒的坏习惯

孩子自我意识觉醒的时候，就会以实际行动反抗妈妈的教育，妈妈一定要及时反思，调整自己的教育方式，通过严格要求让孩子走上正轨。

——凡凡妈妈手记

到了四年级，凡凡的表现简直刷新了我的三观。一到写作业的时候，只要坐下，就一会儿渴了，一会儿饿了，还没写两个字，又要上洗手间。

我知道，这孩子的反抗意识觉醒了。喊他写作业，他总是一副不耐烦的样子，做什么总要反着来。我决定，少说话，伺机而动。

第一天，凡凡磨蹭到很晚，作业写得潦潦草草的，还没有写完，挨了老师的批评，需要重新补作业。

第二天，凡凡还是磨磨蹭蹭，但总算写完了，结果还是挨了批评，作业重写。

第三天，凡凡一边写作业，一边偷偷观察我，但他总算比较工整地写完了作业。

第四天，第五天，我都没有再催凡凡。到第六天，凡凡终于忍不住了："妈妈，你不再管我写作业了吗？"

"凡凡，你这几天不好好完成作业，轻松了吗？"

"没有，还多写了好多。"凡凡不好意思地说。

"这几天痛快吗？"

凡凡摇了摇头："妈妈，以后你还管我吧？"

"凡凡，妈妈什么时候都管你，但你得遵守规则。这样，你自己写个每天写作业的计划和晚上的安排，怎么样？"

凡凡嘟囔着，不就是每天写作业、吃饭吗？这些事，还要做计划？

我告诉凡凡："你要先计算自己从放学回家到晚上睡觉的时间，这中间，你有哪些事情要做，把这个时间段大致安排好，然后保证每个时间段都高效地完成必须做的事情，这样，你可以有更多的时间来发展你的兴趣爱好。"

凡凡的眼睛一下亮了："妈妈，我怎么没想起来？你以前也不告诉我！"

我不由得苦笑，我以前也没想到啊，总是劳心劳力地盯着凡凡，总想着盯紧了效果会更好，怎么就没想到让孩子自己做计划，自己唤起内驱力呢？

凡凡很快写好了自己的计划，把作业放在第一项，之后就是看书、玩玩具。有了这个计划，我就只需负责监督实施，解放的感觉真好。

9.2.2　读书磕磕巴巴、丢字漏字，背诵不准确、效率低

> 孩子学习上出问题的时候，一定是思想上出了问题。只要家长适时地调整自己，调整教育策略，孩子一定会在家长的严要求下走上正轨。
>
> ——凡凡妈妈手记

“嚷什么嚷？！不是你先嚷，我能大声？！”这是这段时间凡凡经常说的话。

往往这时候，我就哑口无言。

以往我批评凡凡的时候，凡凡总是默不作声，想反抗也不敢。没想到，这才四年级，我们之间就紧张了起来。

因为和我斗气，凡凡这段时间作业敷衍、潦草，做什么事都不上心，连正常的朗读课文、背诵课文，都是胡乱地看上两眼，自然读得不通顺，背得也乱七八糟、错误百出。

事实上，我发现，当凡凡和我真正杠上的时候，如果我气焰盛一些，凡凡就会更大声。这时候，好像谁的声音高，谁就能站在道德的制高点上一样；反之，如果我偃旗息鼓，凡凡也就逐渐平静下来。

这种现象，和我们平时周围成人之间的矛盾处理模式一模一样。我意识到，我一直在用惯性思维和凡凡相处，这样的相处模式很容易引起已经逐渐有自我意识的凡凡的反感。而作为一个未成年人，他处理事情的方法，首先是模仿自己的父母。所以，追根究底，凡凡的反抗还是因为我在面对凡凡读书、背书出现问题时的不冷静、焦虑引起的。

要想彻底解决凡凡读书、背书的问题，首先我得控制自己的情绪，面对问题不焦虑，然后才能心平气和地和凡凡好好交流。

我决心改变我们之间的状态，我认真地向凡凡检讨了自己的过错，逐字逐句地写了下来，请凡凡监督。我不会再乱发脾气，而凡凡要自己安排学习。凡凡半信半疑地同意了。

我每天强制自己和颜悦色，听凡凡自己的安排，遇到做得不到位的地方就提醒。即使再生气，我也要强制自己平静之后，再和孩子交谈。

坚持一段时间后，凡凡慢慢对我不再抵触，背诵课文也慢慢回到了正常水平。事实上，凡凡之所以会出现读书磕磕巴巴、丢字漏字，背书不准确、效率低的问题，在很大程度上是因为我每天不停地唠叨、发脾气，引起了凡凡的极度厌烦和消极抵抗。

在这个过程中，我深刻地认识到，大吼大叫只会让孩子自暴自弃，放弃对父母的信任，不断放逐自己。

9.2.3 纠正数学题丢三落四、反复出错的情况

> 当孩子的诉求得不到满足时，他会在学习上进行抵抗。家长只有找到原因，彻底解决孩子的态度问题，才能严格要求孩子走上正轨。
>
> ——存存妈妈的记录

存存是从近一周开始把数学作业写得乱七八糟的，既不好好看题，也不管对错，只管写完了事。当然，每次也都得在我的督促下返工。可是即使重写，他也是完全不上心，做过的题还是反复出错，有时候一道题反反复复错几次。

问存存为什么，小男孩脖子一梗："什么为什么？就是算不对！"

得，这孩子，又来了倔脾气，一定是发生了什么事。看来，我得和老师聊聊，或侧面问问同学，是不是发生了什么我不知道的事情。

没想到，第二天我在接存存的时候，遇到同班的家长，她像讲笑话一样告诉我，存存可要强了，争着和小伙伴帮助一位缺课的同学，但老师没有把他排在第一个。

这孩子，小小年纪，已经有了自己的小心思，这么争强好胜。可是，他也不能因为不顺心就把气撒在学习上吧？更重要的是，老师也不能什么事都顺着他一个人吧？我决定和孩子谈谈这个问题。

正好，我想到了一个经典游戏：拿了一个小口瓶子，里边放了几个带绳子的球，邀请几个小朋友来看怎么才能在短时间内把小球全部拽出瓶子。果然，计时一开始，大家争先恐后地往外拽小球，结果小球都卡在瓶口，谁都拽不出来。连续试了好几次，孩子们才醒悟过来，一个一个有序地向外拽，这才是最好的办法。

我没想到，通过这样一个平常的游戏，存存在我貌似不经意的提点下，欣然接受了无法第一个帮助别人的事实，开始认真地对待自己的作业。

每个孩子都是不同的个体，他们面对问题的反应也不一样，能接受的问题的处理方式也不同。我们要做到，在洞察孩子问题的前提下，找到合适的办法再严格要求，绝不能贸然地伤害孩子的心灵。

9.2.4 作业不讲质量必须反复提醒

> 孩子出现不合理的反常表现，切不可强硬地要求孩子，强势闯入孩子的心灵空间，让孩子觉得受到侵犯，而要细心观察，找到原因，适当引导，在严要求中无形地化解孩子的问题。
>
> ——洋洋妈妈的日记

一般来说，一年级时，孩子做作业，父母陪伴，从孩子二年级起父母就要开始逐渐放手。到孩子三年级，孩子就可完全实现自我管理，父母只要静静地关注，适时地提醒就可以了。

在洋洋成长的过程中，习惯的培养真的是一波三折。本来到二年级下学期，洋洋已经养成了自主做作业的习惯。谁知到了三年级，简直气得人要吐血，作业胡乱地写写，也不管对错，更不让说，只管在自己的时间安排表上画“√”，更过分的是，就这还要我三遍四遍地催促。

出现这样的反常现象，我知道肯定不妙，洋洋一定是又动了什么小心思，以至于连学习的心思都没有了。这孩子毕竟才上三年级，自以为长大了，实际上还幼稚得很，连掩饰都不会。

我不动声色，悄悄观察着。我发现，洋洋完成作业之后可忙了。按照我们的约定，洋洋只要完成作业，就可以自由阅读，或者玩自己的玩具。至于上网，只在周末才可以，所以我丝毫不担心孩子在家会玩出什么花样。

一连观察了几天，洋洋倒没什么大的动作，只是这几天都没再玩玩具，只是看书，写写画画。我猜测洋洋的行为和他正在看的书有关。家里有哪些书，我都清楚。洋洋虽然爱看书，也从来没耽误过完成作业。我是不能坐视不管的，可该怎么办呢？以洋洋的性格，就算我问他，他也会遮掩；如果我强行揭穿，肯定惹得洋洋恼羞成怒。在没弄清楚到底是什么书前，我不能妄下结论。

最终，我还是以问洋洋问题为借口，迅速地瞄了一眼洋洋正在看的书，虽然洋洋下意识地用手遮掩了一下，但我还是看到了几个关键性的字。就是凭着这几个关键性的字，我在电脑上搜索，很快锁定了几本书。

我不太确定，因为这几本书都是迎合小学生的，分别指向两个方向：一个是探险系列，另一个是暗黑系列。

探险系列大概就是讲述三个小学生偷偷离家出走，误入神秘之地，历经千辛万苦，获得意外帮助，最终发现史前之地。这样的书容易误导小学生有样学样，不知深浅地贸然行动，后果是不堪设想的。另一种我称为暗黑系列的，实际上我也不知道该怎么分类，大概意思就是做什么任务、升级。

我又仔细观察了几天，竟然发现洋洋在搜集锤子、钉子之类的东西。我心中大致有了数，还好不是可怕的暗黑系列。这傻小子不会以为，自己随便搜集些“武器”，就可以畅游四海了吧？

明确了原因就开始解决问题。我陆陆续续往家里带回野外探险的科普书，趁着周末和洋洋一块儿参加了一个野外徒步活动，就这样，一点儿一点儿地陪着他谈论共同的话题，普及野外生存的知识，告诉他未知地方隐藏的危险。

虽然谁都没有把这个事情说破，但洋洋的行动已经是很好的证明了：他的作业质量明显提高了，也不要妈妈多次提醒了，但不变的是，洋洋更加热爱看书了。我想，洋洋应该是把他的探险梦暂时埋在心底，为此在做充足的知识储备。那又怎么样呢？哪个男孩子小时候没有一个探险梦呢？

9.3 用爱治愈孩子心里的小别扭

> 孩子出现问题时，一定是父母的教育出现了问题。教育孩子要禁止恐吓、打骂、武力威胁，而应该给孩子足够的安全感，陪伴孩子，细心发现孩子成长中出现的问题，做好孩子学习的榜样和领路人，让孩子在爱的浸润中不断成长。

9.3.1 解决学习不主动、不和同学交流的问题

> 孩子学习不主动、不和同学交流，源于孩子内心的无措：不知道自己怎样做才会和别人一样优秀。万事万物的道理都是一样的：学习就如孩子最初学走路一样，一开始父母先充满爱地耐心帮扶着，然后慢慢放手。
>
> ——文文妈妈的实践记录

四年级结束了，文文的成绩如意料中的一塌糊涂，语数英没有一门及格。并且文文平时学习不主动，也不和同学交流。

几年的放养，纵使我有万千理由，也没办法再去责备孩子。

小学已经浪费了四年，如何利用暑假好好地陪孩子走一程呢？

要让孩子完全配合，还得多下点功夫，我告诉自己：

1. 必须让孩子先感觉到妈妈可以信赖，在妈妈这里是安全的，有困难时妈妈和她一起面对，而不是雪上加霜地训斥打骂。

2. 对孩子不能按常态要求，学习既然已经落下，也不是按常态能补回来的。关键是我要陪伴孩子，从最基本的学习习惯、写字、读书、口算等，帮助孩子找回自信，一定要沉住气，多鼓励、多表扬。

3. 每天都要找找孩子的闪光点，再提小建议、小要求，要先激起孩子的自信心、自豪感，让孩子有勇气面对困难。小学本身知识并不太多，最重要的是培养孩子的好习惯和学习能力。因此，一定要有切实可行的计划，并和孩子做好沟通。

带着孩子好好放松了两天。第三天，我郑重地向孩子道歉：“对不起，妈妈忙于工作，没有尽到照顾你的责任，你的学习成绩不理想，是由于妈妈的疏忽导致的。这个暑假，妈妈陪你一块儿努力，好不好？”

好半晌，文文终于点了点头。毕竟，对于一个感情不外露、对学习没多大兴趣的孩子来说，这已经很不容易了。

我拿来纸和笔，认认真真地写道：我和文文的学习约定。

“文文，现在把你想要求妈妈做到的写下来，只要要求合理，我们一块儿来执行。”

文文低着头，一声不吭。

看到她这样，我就想发火，不由得拔高了声音：“有什么写下来不行吗？一声不吭算什么！”

文文不满地看了我一眼，嘟囔道：“就知道会这样，就会发火。”

我脑袋“嗡”的一下，狠狠地用手捶了捶自己，昨天才想好怎么做，这才刚开始我就忘了！

好一会儿，我才找回自己的声音，艰难地说：“文文，对不起，妈妈保证，这次一定按约定来做，我们试试，好不好？”

虽然兴致索然，文文还是歪歪扭扭地写下了自己的要求：

1. 不能随便发脾气。
2. 每天要有休息的时间。
3. 周六、周日休息。

不算过分，我也提出了几点要求：

1. 学习前做好准备，学习时不能吃喝玩乐或干杂事。
2. 若提前完成任务，可以干自己想干的事情。
3. 如果当天不认真学习，取消当天的娱乐活动，牺牲娱乐和睡眠的时间也要补上。
4. 围绕语、数、外三科执行，用八周时间集中精力补前四年课内知识，基本上每周一册课本。
5. 每天安排适当的运动时间，锻炼身体。

于是，在和孩子一起确定大致时间安排后，制订了具体的实施计划（见附表）。

附：和孩子一起制订的暑假生活计划表

周一至周五		
上午	7: 00—7: 30	跟着录音朗读生字、课文，每天一个单元到两个单元，反复读，不求快，求准确。
	8: 00—8: 40	1. 语文课本中的课文反复读熟并能复述。 2. 生字默写准确。 3. 课后题能回答。
	9: 00—9: 40	1. 每天做三页口算题卡。 2. 熟读概念并能默写。 3. 熟背九九乘法表。 4. 课内的例题、课后题都能做对。
	10: 00—10: 40	1. 紧扣课本，从字母开始，听读字母、单词、课文，从一次一课读到一次一单元读，反复读熟。 2. 听写。 3. 看着英语说汉语。 4. 看着汉语说英语。
	11:00—11:40	阅读，可以是课内课文，也可以是课外课文（实际上往往更多的是课内课文，毕竟语文课文选的都是最优质的文章，如果仅限于读熟和复述，就太浅层次了，更重要的是以课内课文为切入点，引出同类文的比较阅读，或者同一作者文章的阅读。当然，这对文文要求有点高了，我们慢慢来）。

续表

下午	2: 20—3: 00	练字 + 课外阅读。
	3: 20—4: 00	数学或英语，延续上午的学习内容，直至滚瓜烂熟。
	4: 20—5: 00	暑假作业。
	6: 00—7: 00	户外运动。
晚上	8: 00—9: 30	亲子阅读、看励志影片、听书、玩玩具、做手工等。
周六	上午	逛书店。
	下午	走亲访友。
	晚上 8: 00—9: 30	亲子阅读、看励志影片、听书、玩玩具、做手工等。
周日	上午	复习巩固周一到周五学习的内容。
	下午	休闲运动。
	晚上 8: 00—9: 30	亲子阅读、看励志影片、听书、玩玩具、做手工等。

这样的安排是不是很简单？制订计划容易，关键是每天要坚持。家长能否坚持下来，决定了任务能否顺利完成。

实际上，一开始孩子根本就不能坚持，经常走神、怠工，还会用乞求的眼神让家长心软。可是没有办法，我不能再放纵孩子，只好硬起心肠，照章执行。一开始孩子还抱着妈妈会放水的小心思，就像很小很小的孩子撒泼的小心思一样。试探过几次后，当孩子明白妈妈的底线，就逐渐走上了正轨。虽然每天都有新的问题，但总归在不断前进。

对文文的学习，已经不能按正常的进度来要求，更不能再完全交给她自己来打卡，我必须尽量多地陪伴互动，才能形成良性循环。

“文文，ɑoe 接龙——”

“iuü。”

“bpm——”

“fdt。”

“nl——”

…… ……

“听录音。”

“文文，我们一块儿跟录音来读。”

“妈妈，干吗读那么多遍？我都会了。”

“不仅要读会，还要读准确、流利、好听。”

“啊，文文读得真好听，像录音一样好听。”

“真的？”文文的眼睛亮了。

“真的，你再来读一遍，妈妈录下来，和录音比一比，好不好？”

“好啊！”文文痛快地读了起来。

…… ……

“文文，我们每篇文章都这样读好不好？全部录下来，然后发到网上，也让很多人听听，我们文文也是很棒的。”

听录音，读课文，慢慢有了成就感后，文文不再反感读课文。

英语也是采用这种方式，每天艰难地推进。一开始进行得特别慢，随着孩子兴趣的提高、读书时间的增多，慢慢地也有了加速。甚至数学课本也拿来读，读加减法，读乘法表，读累了，我就和孩子玩扑克牌。

一开始玩得最多的是“十点半”，就是1到10十个数字都是牌面数字，除了大王、小王，其他的都是半点，每人每次抽出三张牌，比大小。毕竟是简单的加减法，玩起来也能很快得心应手。

最困难的是写字、默写，因为字写得难看，文文很抗拒。没办法，我买来了和课本配套的字帖，文文每天规规矩矩地描摹，并把当天规定的生字词全部默写正确。

有一次，文文犯牛脾气，怎么都不写。我用尽各种办法，表扬夸奖、物质奖励、承诺出去玩，她就是不反抗也不行动。这种情况最考验人的耐性，我也懒得跟她计较，强忍着没有发脾气，跟她干耗着。到最后，耗到晚上十一点多，她终于完成了当天的任务。

从此，孩子知道了我的底线，再也没有执拗过。因为她知道，犯牛脾气的结果一定是失去晚上的亲子阅读或影视娱乐，得不偿失。

为了激励孩子，我在墙上粘贴了大大的表格，分为语文、数学、英语等不同项目，每天完成一项，就让孩子亲手画上大大的笑脸。面对墙上日益增多的笑脸，感觉日子都甜了起来。小朋友到家里来玩，看到满墙的笑脸，都忍不住惊叹："哇，好厉害！"我看到了孩子开心的神情，真好，这才是健康成长的文文。

除了课本，晚上的时候，我会隔三岔五和孩子一起看些励志影片，或者读些人物传记、好的儿童读物，或者陪孩子玩扑克游戏，用一次性杯子搭城堡。

用一次性杯子搭城堡是个意外的收获，开始孩子只是拿着家里的几十个一次性杯子随意地玩。后来我发现，在搭的过程中竟然有那么多的组合方式，于是一下买了好几百个。每天，只要有空闲时间，我们就一起搭城堡，搭建的花样层出不穷，还比赛看谁搭得高，看谁用得杯子最少，看谁能最快算出用了多少个杯子等。

谁能想到，就这么玩着，竟然还玩出了数学。现在想来，陪伴孩子也没那么难，只要放下自己的权威，和孩子共同学习，发现孩子的闪光点，随时纠正孩子跑偏的脚步，孩子怎能不进步？

一册书平均分五天来学，一开始真的很难完成。但在孩子已经尽力的情况下，可以适当调整，关键是可以每天看得见孩子的进步和孩子发自内心的喜悦。

日子无声地滑过，毕竟小学的知识有限，这两个月我和文文把一到四年级课本好好地过了一遍。看着一堆翻得破破烂烂的课本、做过的习题、测过的卷子，还有孩子越来越多的笑容，我相信，孩子的学习生活会越来越快乐。

虽然还不能和很多同学相比，但文文能坐下来，踏踏实实地学习课本，不也是良好习惯的开端吗？把孩子扶上马，送一程，相信在不久的将来，孩子会慢慢提升学习的加速度，及至快马扬鞭。

9.3.2 “我想变成男孩”的纠结

> 孩子有时会提出让成人吃惊的问题，实际上他根本不明白这意味着什么。这时候家长要冷静，找到产生问题的根本原因，具体解决问题。
>
> ——潇潇妈妈的深思

潇潇这几天一回家就念叨着说：“妈妈，我想变成男孩。”问她原因，她也不说，我和她爸爸快急疯了。

潇潇五年级了，在班上学习成绩是中等水平，性格很腼腆，平时话不太多，和同学们相处得也挺融洽，我一时想不出为什么她会有这种想法。

我向潇潇的班主任求助，班主任老师建议我不要把事态扩大化，以免带给孩子压力。她认为孩子一直没有反常行为，只是近期才出现这种特殊情况和情绪。一般来说，应该是有什么不痛快的原因，老师让我仔细回忆近期我们都接触了哪些人，是否有让孩子不高兴的事情。

还真是事到人急易慌张。听了老师的建议，我冷静下来，认真想想，孩子这样的情况有两个星期了，这两个星期孩子变得话比较少，她每次都是冷不丁地说："妈妈，我想变成男孩。"问她为什么想变成男孩，她又不吭声了，越问越不说。平常还是和几个她玩得比较好的孩子在一块儿玩耍，也没有其他的反常行为。

我想起我的一位同事，她也有一个女儿。小女孩二年级的时候，有一天晚上，可能睡得比较沉，尿了床。我的同事是马大哈性格，大张旗鼓地在院子里（别墅区）晒被子，有邻居看到，就毫不避讳地笑着说："孩子尿床了。"可想而知，小女孩羞得要死。现在小女孩三年级了，还有偶尔尿床的情况。但当妈的没有一点自觉，这件事情竟然传得孩子的同学都知道。

那到底是什么原因让潇潇想当男孩？我突然想到前段时间我们回老家的事。

孩子的奶奶有点儿不喜欢潇潇，我们家有两个女孩。老人的情绪很明显，我们都习以为常了，却没想到孩子是最敏感的。

事实上，孩子爸爸也很受奶奶的影响。平常从没有说潇潇是女孩之类的话，但这次在回来路上，爸爸一直闷闷不乐，最终说了句："要是我们家有个男孩就好了，也不会惹奶奶不高兴了。"这话听着让人气闷，一路上，大家都很沉默。

没想到，这次出行给孩子带来这么大的心理压力。孩子小小的心灵里，就因为奶奶的不高兴、不喜欢而不能释怀，因为爸爸不能让奶奶高兴而心情沉重。

后来，我带潇潇外出聚餐，在孩子比较兴奋放松的时候，向孩子明确表示："潇潇是爸爸妈妈的最爱。奶奶可能对你有偏见，但你更要用行动证明你不比男孩差。"

更重要的是，为了给予潇潇更多的爱，让孩子打开心扉，我争取做到了每天和潇潇聊聊天，问问她一天里发生的高兴的事、不开心的事，还邀请她的好朋友到家里做客。周末或假期的时候，我就带她到外边运动。

我用实际行动表达对孩子的关爱，慢慢地，孩子也提得少了。当孩子有了心结的时候，我们千万不能慌张，首先要分析问题，找到事情发生的原因，慢慢用爱融化孩子心中的坚冰。孩子其实可能根本就不理解什么是变性，只是本能地觉得若变成男孩，可以使爸爸开心、奶奶喜欢。这种小心翼翼的取悦，何尝不是对无辜孩子的伤害？

孩子的问题，大多数是家庭的问题，父母在发现孩子的反常时，一定要及时反思近期是不是哪里做得不好、出了问题。如果不及时疏导，磨脚的沙砾终会阻止孩子前进的脚步。

父母对孩子的关爱，一定要做到细微之处。

9.3.3 带孩子走出游戏的泥坑

> 当孩子沉迷于一件事情的时候，极大的原因在于我们家长没有做好表率，没有做好陪伴，最好的化解办法就是努力和孩子一起成长。
>
> ——琪琪妈妈的记录

我发现琪琪学习下降的时候，琪琪已经疯玩游戏一个月了。

我万万没有想到，天天按时回家、很快做完作业的琪琪，每天都在抄作业。到学校前，琪琪还会先跑去玩会儿游戏。

面对孩子的这种情况，我反思了很久。总的来说，还是我们的家庭教育出了问题。我和琪琪爸爸工作忙，常常是早出晚归，经常把孩子早早送到校门口，就去上班了，孩子放学后也是自己管理自己。我们累了一天，回家总是随口问一声“作业写完了吧”，就开始自顾自地躺倒刷手机。

看来，就在这每天看似有秩序的生活中，孩子慢慢发生了变化。可能一开始，是趁着早到校门口的时间，琪琪逮着空玩起了游戏，然后越玩越上瘾，慢慢地对学习越来越不上心。回到家，琪琪又看到我们刷手机的模样，羡慕得不得了，于是越陷越深。

尽管工作很忙，我还是决定把重心转移到琪琪身上来。我很快申请了工作变动，虽然薪水低点，但好在能中午照顾琪琪。于是我开始每天接送他上下学，彻底从时间上断绝他玩游戏的机会，并规定每周末可以玩两个小时。同时，琪琪写作业、看书，我也在旁边陪伴他学习。

虽然有我的陪伴，但孩子还是常常表现得魂不守舍。我知道，这是玩游戏后遗症，这个年龄的孩子精力无穷，总要有一个发泄的出口。有什么是有益于孩子成长的游戏呢？

我记得小时候，虽然没有游戏、电脑，但孩子们迷恋金庸的武侠小说，常常通宵达旦地看。后来有了电视，孩子们又整天坐在电视机前。所以，粗暴地干涉、禁止不能解决问题，只有想办法转移他的注意力。

恰好小区附近新建成了体育场地，每天都有很多人在那里运动，我就带着琪琪，跟着晚上的运动团跑上几圈。没想到，在这里琪琪很快交到几个好朋友，每天玩得不亦乐乎。

就这样，琪琪离游戏越来越远，后来一路进了重点中学和高校。现在，他在省三甲医院工作。如果当初没有当机立断戒掉他的游戏瘾，并陪伴他通过运动转移注意力，很难相信琪琪会有现在的生活。

9.3.4 一到学校门口就肚子疼、胸口疼

> 一向身体健康的孩子突然畏惧去学校，每到学校就出现一系列反常的身体表现。一般来说，排除身体原因后，就应该是心理因素。家长一定要找到真正的原因，帮助孩子渡过难关。
>
> ——小田妈妈的记录

六年级冬至前后，天特别阴冷，班上的很多孩子都染上了流感，小田也不幸被传染，鼻炎也犯了，感觉胸闷、心口疼，我连忙把他送到医院检查——病毒性感冒引发的心肌炎，好在很轻微，很快治愈了。

从此，小田变得小心翼翼，走路轻悄悄的，每到体育课就请假，总是一副心事重重的样子。

今天选拔考试，小田在校门口死活不愿进学校，哭哭啼啼地说感觉胸闷、心口疼，早饭也没吃。

我带小田到三甲医院找专家给看看。专家看到CT、核磁、平板运动、化验单，给出了肯定的答案：小田身体很健康。小田亲耳听到专家的答复，仔细看了各种检查结果，释怀了不少，基本上恢复了以前的状态。

可是小田现在六年级了，面临择校，很有压力。而这孩子太

敏感了，心思也太细腻了，由于心理上的压力影响了心情，反映在身体上，就是各种不舒服。但我们又不能武断地完全否认孩子的感受，不能把孩子的情绪放到对立面。

事实上，我也在反思自己，在小田的成长过程中，可能我有意无意的一些做法，也影响了孩子。从孩子小时候起，只要小田一感冒，我就如临大敌，常常是紧急地带他到医院就诊，平时也是反复叮嘱他，要多注意身体，不要过度劳累。是不是我过度强调健康，影响了孩子?

解铃还须系铃人，我非常清楚，小田目前身体是完全健康的。

但我不能一下否定孩子，否则很可能造成孩子的心理抵触，认为妈妈根本就不关心他，让这种心理感觉加重；我更不能在孩子心理的敏感期直接说，他这是心理压力造成的，那和直接否定孩子没有什么区别，还会让小田敏感地认为，自己是不是心理有问题。

我之所以这样判断，是因为我在几年前就见过这样的事情。小田幼儿园的小朋友强强，也曾出现过这种情况。在教育孩子方面，不同妈妈可能面临类似的问题。

强强妈妈是一所农业大学的副教授，应该懂得一些教育知识的，但她在面临强强一到幼儿园门口就开始肚子疼，甚至蜷缩起身子的问题时，也是焦头烂额。因为强强年龄小，后来停学了好长时间，据说还做了心理治疗。还有小田的一个女同学，几乎每天到校都要犯胃疼的毛病，她妈妈就要回学校接孩子，但孩子到家后，又什么事都没有了。

好在，小田很尊重知识，愿意相信专家的判断。

我告诉小田：“我们已经找最好的医生确定过，你的身体很健康，今天不舒服也可能是天气气压的原因。你的安全健康最重要，来，你多少吃点儿东西，哪怕一两口都可以，妈妈就在学校门口等着，对面就是诊所，不要担心。你只要考完就立即出来，若坚持不住或者不舒服，也可以出来。”

终于，小田停止了哭泣，喝了几口粥。

我知道，在这种情况下，孩子知道父母就在校门口，会有很大的心理安慰，基本上就能克服心理困难了。虽然心如刀绞，还是得给予孩子心理上的安慰，必须让他挺过这一关。否则，这次放弃了，下一次大型考试他肯定还要退缩；反之，坚持下来，他会有一种成就感，会知道事情没那么糟糕。

我就是要让孩子知道：他不是孤军奋战，他的背后有妈妈的支持，他是安全的。

是的，面临小升初，孩子压力大，我们平时应尽量淡化这个问题，不要喋喋不休。辅导学习和考学是两个问题。家长的焦虑情绪会严重影响到孩子。

小田终于坚持了下来，之后再也没出现过肚子疼、心口疼、浑身不舒服的情况。

帮助孩子克服困难，突破孩子心理上对困难的认知。每个人对困难的定义不同，何况是一个六年级的孩子。任何时候，我们都不能拿成人眼中的问题代替孩子的认知，否则一定会出更多的问题。我们还要时刻洞察孩子到底在想什么，有时候表面的现象往往掩盖了事情的真相，长此以往，问题只会变得越来越严重。当孩子有了足够的安全感之后，家长再适时地推一把，孩子就会进入成长的快车道。

9.3.5　遇到困难就焦虑，甚至号啕大哭、撒泼打滚

> 孩子面对困难时焦虑崩溃，有可能是家庭原因或受家长情绪的影响。为了孩子，家长也一定要控制自己的情绪，为孩子创造宽松、积极、上进的家庭环境。
>
> ——航航妈妈的日记

航航又在教室里焦虑得号啕大哭、撒泼打滚，听到老师急得快哭的声音，我心里扑腾扑腾的。这样的情况，几乎每周都要有一两次，尤其在升入四年级后，情况更加严重，他也常常引来小伙伴的嘲笑和讽刺。我下决心，这次必须改变。

航航这种情况，最初源于爸爸。航航爸爸脾气急躁，从航航小时候开始，只要航航一犯错误，或者作业上有什么问题，爸爸就要严厉呵斥航航。所以，航航变得越来越胆小，一遇到觉得困难的情况，情绪就会立即爆发。我原以为，随着年龄的增长，航航的抗挫折能力会强一些，可我忽略了航航还是个孩子，完全没有能力承受爸爸带来的压力。

航航的班主任和我反复沟通，建议我好好地处理家庭问题，关注航航的心理变化。航航现在已经四年级，正是人格塑造的关键阶段，如果我们家长不改变，也不重视孩子的发展，真的会影响航航以后的人格发育和健康成长。

看着航航的情况越来越严重，我意识到了问题的严重性。我到三甲医院，找了好几名专家反复咨询，得到一些可行性指导。为了孩子，我和孩子爸爸反复沟通，请他严格控制自己的情绪，暂时不要再干涉孩子的教育问题，以便给孩子心理恢复期。

这么多年，我们从来没想到，航航爸爸经常发脾气，实际上属于焦虑症的一种表现，我们应该进行干涉。幸亏我听了班主任的建议，得到了专家一些可行性指导，并对爸爸进行了药物干涉。航航虽然和爸爸还不是很亲近，但随着爸爸发脾气的次数逐渐减少，航航的情绪也平复了很多。

接着，孩子每次情绪爆发，我都和班主任沟通，弄清楚孩子学习上最不容易迈过的坎，进行学习上的帮扶。一到周末，我就带航航出游，尽量让航航放松心情。随着家庭气氛的放松、学习的进步，航航的问题慢慢减少了，至少，这是好的开始。

航航的焦虑、号啕大哭等原因在于：爸爸的严厉，总使航航处于恐惧之中；爸爸的焦虑，又日日影响着航航。当航航面对难题时，既恐惧爸爸的呵斥，又不知道该如何解决。由此可见，家庭的氛围、家长的情绪对孩子的成长太重要了，这是决定孩子能否正常成长、获得安全感的根源。

9.3.6 待在教室就抓狂，课堂上不停打断老师，求关注

> 孩子出现反常行为一定是集聚了好长时间的负能量，家长绝不能头疼医头，脚疼医脚，而要耐心地找到这种行为背后的原因，才可能顺利解决问题。
>
> ——康康妈妈的记录

康康上一年级了，全家都欢天喜地的。没想到，才开学两三周，老师就不停地让我们到学校。

一般来说，一年级的第一个月，主要是让孩子适应学校的习惯。很多孩子第一、二周就能听铃声上下课，遵守最基本的纪律。可康

康倒好，是全班唯一在教室待不到四十分钟的孩子，经常是急得抓耳挠腮，不停地打断老师的话，甚至干脆不顾老师的要求跑出教室。可是课间看到老师，又非常友好，不仅主动问好，也承诺课堂上尽量坚持，还和老师约定，一定好好表现。

康康这样的行为真的让我蒙了。我虽然理解一年级的孩子很幼稚，会像邻居小女孩一样说出“我最喜欢下课”这样的童言童语，但我完全不明白康康为什么在学校会有这样的行为。

老师也非常为难，康康这样，她既表扬了，也批评了，既奖励小红花了，也让同伴互助了……几乎试遍了所有能用的方法，但康康都没有太大的改变。现在这种情况，不仅影响正常的课堂秩序，关键是康康时不时溜出教室的这种行为存在极大的安全隐患。

我极力地回想着，康康在家里有没有什么反常行为。不足的也就是暑期没有进行过学前辅导，也没有太多的亲子阅读。可老师说，班上有少部分孩子也没有太多的亲子阅读。所以，这不是原因。

因为实在没有头绪，又担心康康在这种无序状态下真的会出现安全问题，我和老师沟通后，决定陪孩子上学，找到问题所在。

我没有想到，这个决定倒意外地解决了难题。

当康康听到我要和他一块儿上学的时候，很是欢欣雀跃了一阵。我能理解，一二年级的孩子是非常欢迎父母到学校的。可是，康康真的让我感到很意外，整整一上午，竟然没有再乱接老师的话，也没有跑出教室，老师也感觉非常诧异。

和老师商量后，我决定告诉康康我下午不能到校，明天再陪他上学。康康明显有点儿不开心，可也没说什么。到下午再接康康的时候，老师的反馈是康康比平常好点儿，但没有上午好。

一天不能完全说明问题，接着，我又连续三个上午陪着康康上学，康康下午的情况也越来越好。到第二周，我只要隔一天陪一个上午就好了。看着康康的变化，大家都觉得很不可思议，康康这种需要妈妈陪伴才能逐渐适应学校的情况，一定有我们不知道的原因。

是什么原因使康康这么依恋家长？回想康康的成长过程，我们从没有粗心地把他独自丢下，只是有一次，我曾开玩笑地说过：“你要上小学了，每天都要到学校去，看你还怎么缠着我。”应该是这样的话，让康康以为我会丢下他不管。

孩子的心思太细腻了，家长对孩子的任何表现都不能轻视。

9.3.7 网名“熵增加”的真相（发现消极、懈怠、慢半拍的真相）

> 家长的情绪发泄，有时会让孩子产生逆反情绪，有时又使孩子陷入低落无助的境地。无是哪一种情况，家长都要及时修正自己，带孩子走上正轨。
>
> ——凡凡妈妈的记录

熵，物理名词，有序程度越高，熵越小。

当看到凡凡的昵称改成了“熵增加”，我的第一反应是凡凡学习出现问题了，学习陷入了迷茫状态。

凡凡在成长过程中，一直在和父母不断分离，虽然才上四年级，可也有了自己的小秘密，越来越不愿和我谈学校的事情。

我想到最近的事情：凡凡的语文测试只有八十二分，当时我很生气，劈头盖脸训斥了一通："怎么考的？这几个字，天天默写还出错？阅读题怎么不按格式表达？作文，字写得这么少！"

我絮絮叨叨地说着，全然没注意，凡凡一声不吭，小脸可怜巴巴的，没有一丝笑容。大概从那时候开始，他就不愿和我交流了吧。凡凡在学习出现问题时，我没有安慰、帮助、指导他，有的只是指责、不满、批评，这使他孤立无助。

事实上，很多父母在面临教育孩子的问题时，很难做到冷静理智，常常是控制不住情绪，上来就是一顿发泄。可我们往往忘记了，孩子是一个独立的个体，是有自尊的。当他面对失败的时候，更需要家长的理解和支持。可能在我们的严厉呵斥中，孩子反而坚定了与父母作对的决心。

我曾亲眼见到一位妈妈，在学校门口狠狠地把卷子扔到孩子头上。当时的情景触目惊心，怎么到自己和孩子，我就忘了呢？还是我只会看到别人的不足？

我不由得有了一丝后悔，陷入了沉思：我这样除了发泄情绪、伤害孩子，有什么用？孩子出现问题，一定是心存内疚的，如果我们和孩子一起分析问题、解决问题，孩子的内疚便会转化为动力。可如果只是训斥，激起孩子的逆反，反倒不好解决了。

我曾见到过六年级的孩子和爸爸对峙而立。不要以为六年级的孩子没有胆量，在十年前，七八年级的孩子进入青春期容易和父母，特别是父亲，发生剧烈的冲突。事实上，近几年，五六年级的孩子，从心理发展来说，和十年前的七八年级的孩子真的很相似。所以，看到现在五六年级孩子和父母面红耳赤地争论，我一点都不感到惊讶。

当然，不同的孩子出现问题时的表现也不一样。有的直接和父母对峙，有的像凡凡一样，陷入消极抵抗。

还好，我发现问题还不算太晚，就从今天开始直面自己的错误，跟孩子道歉，和孩子一起分析到底问题出在哪里，是基础知识不牢，还是没听明白。

9.3.8 作业代做的秘密（找出在小卖部的巨额存款）

> 当家长对孩子的教育出现漏洞的时候，孩子就会趁机搞出许多事情。所以，任何时候家长都不能放松对孩子的教育。
>
> ——小雷妈妈的日记

当我从老师口中知道小雷在小卖部存了1500元的时候，我惊呆了：

平常小雷每天也只有5元零花钱，再加上早餐钱，还有奶奶时不时给的，再怎么攒，也就只有500多元，这才开学一个多月，怎么可能存那么多钱？他存那么多钱干什么？

我趁着放学时间，悄悄观察了一个中午，我发现，有部分孩子中午到了小卖部就不再出来，有小孩说，里面有吃有喝还有玩的，小雷也在其中。

大致了解了情况，我对小雷做了突袭："你在小卖部存了1500元，天天玩的什么游戏，这个游戏有什么规则？"

小雷一下懵了，他没想到，我已经知道他在小卖部存了钱，更没想到，我只是猜测他在打游戏。于是，小雷竹筒倒豆子，一股脑儿全交代了。

原来，在小卖部打游戏，可以不断升级，还可以买装备，小雷准备把自己的游戏装备全部更新一遍。

“钱哪里来的？”

“早餐钱、零花钱，还有奶奶给的。”

“那也只有几百元，可多出来的一千元呢？”

看逃不过追问，小雷不情愿地交代，替同学写作业一次20元，或让同学抄作业一次5元。

看来，是我们对小雷的监管出了问题，孩子的问题实际上是我们的家庭教育有了漏洞。小雷中午来上学，根本没有进校，这中间就有了时间上的漏洞；早餐钱用来打游戏，是零花钱管理的漏洞。小雷的问题虽然比较麻烦，但只要我们把漏洞补上，彻底跟进孩子的教育，还为时不晚。

我和小雷约定，以后早餐在家吃，零花钱要记账，大的支出要征求我的意见，放学按时回家。

于是，我开启了对小雷的定时监控模式，小雷的时间被严格限制，零花钱也在我的建议下开了账户。小雷由于没有时间上的可乘之机，不得不暂时放弃他的游戏装备升级计划。一开始真的很难，小雷常常表现得坐立不安，好在因为我的坚持，小雷不再有空闲替同学写作业或到小卖部玩游戏。由于我每天要检查小雷的作业，和小雷一块儿读书，小雷不得不打起精神。习惯成自然，足足一个多月，小雷的心思才逐渐回到学习上。小雷的学习终于走上了正轨。

9.3.9 挨批时装抽搐、晕倒的小心思

> 孩子装病的反常表现的背后，隐藏着我们教育的漏洞。我们及时反思自己，正确教育孩子，讲究方法。
>
> ——晓飞妈妈的记录

一早，晓飞就在室内上蹿下跳，怎么呵斥都不听。只听“咔嚓”一声，桌子上的笔记本电脑屏幕竟被他坐碎了，爸爸恼怒地吼了几声，晓飞红了眼圈，眼眶里含着泪，脖子、额头上青筋一跳一跳地哭了几声，突然眼一翻一闭，口吐白沫，直挺挺地向床上倒去……

“晓飞！”我和爸爸一起向孩子扑去，一人抱着拍着，另一人掐人中呼唤着，爸爸带着哭腔拨打急救电话。手忙脚乱中，我突然发现，晓飞的一只眼睁开了一条缝，我赶紧喊爸爸：“快看！眼睛睁开了！”……

爸爸赶忙又使劲掐了掐晓飞的人中，终于，晓飞睁开了眼睛，怯怯地看着我们。

我和爸爸心有余悸，不敢想，孩子要真的有个三长两短……

缓了好长时间，我们还抱着晓飞不敢撒手。看着孩子怯怯的，想到这孩子曾经晕厥过，我们平时又对他特别严厉，常常大声呵斥，也许，我们真该反思自己的教育方式了。

我缓了缓说：“爸爸妈妈不打你，屏幕碎了，再换一个，告诉爸爸妈妈你为什么装病？”

孩子回答说：“我上次这样生病，你们很紧张……”

晓飞的话，让我想了很多，我们平时的教育真的出了问题。晓飞现在年龄还小，如果他再年龄大一些，会做出什么样的事情来欺骗我们呢？我想起了一些事情：电视上经常有一些感情调解的节

目，报道过许多家庭教育方面的问题，家长一味地严厉，有些逆反心理严重的孩子往往会做出一些过激的行为，比如离家出走。

我曾听一个家长讲过自己孩子的真实案例：

孩子才上五年级，因为和妈妈对抗，就坐在窗台上，妈妈不求他，他就跳下去。最后被逼无奈，妈妈只能跪下求孩子。最终，这个孩子没有人敢再管他。据说，他妈妈后来都抑郁了。

我周围有很多父母，若孩子做什么事达不到父母的要求，父母就训斥，想多快好省地解决问题。随着孩子年龄增长，自己的主意越来越多，父母和孩子之间的冲突也越来越多，父母就觉得孩子越来越不听话了。父母从没有认真地站在孩子的角度考虑问题，只要求孩子听话，可父母又听过孩子的话了吗？

我曾看到一个场景：五六个八九岁的孩子在院里淘气，争先恐后地拔花草，负责管理的大叔气急败坏地呵斥一通，孩子们笑嘻嘻地一哄而散。等到大叔一离开，调皮的孩子很快又聚拢回来，继续拔。这样的场景，在我们小时候是不是经常发生？

我不敢再想，如果我们不重视这个问题，以晓飞的性格，很难让他主动认错。那么等到他真正有了胆量，再也听不进我们的教导，后果将不堪设想。

"晓飞，你这样做，爸爸妈妈会很担心，你愿意让爸爸妈妈担惊受怕吗？"

"记得《狼来了》这个故事吗？你如果撒谎，就会失去别人的信任，到你真正有困难的时候，可能就得不到别人的帮助了。”

“我们做个约定，以后有什么事，我们好好说，爸爸妈妈再也不随便吼你，好不好？”

我们磨破了嘴皮，晓飞终于点了头，可这只是开端。在以后和晓飞的相处中，我们改变了教育方式，不失信于孩子。因为一旦孩子处于恐吓中，这次是撒谎装晕，下次会做什么，真是不敢想象啊。

9.3.10 总是不敢说“不”

> 一千个孩子，可能有一千种性格。但是，当孩子的性格在正常社交的时候明显和别的孩子不一样，我们就要注意反省，是不是我们对待孩子的方式出了问题。直面问题的存在，认认真真地纠正和孩子相处的方式。
>
> ——诺诺妈妈的记录

诺诺三年级的时候，有一段时间，诺诺妈妈发现，诺诺做手抄报的纸张消耗得特别快，一包 500 张的 A4 纸，往往撑不过两个星期的时间。诺诺妈妈注意了一下，基本上如果孩子每周自己用，做作业加上孩子自己折纸玩，也就是 30 张左右，那其余的 400 多张到哪里去了？

有一天，诺诺小心翼翼地提醒妈妈：“家里的纸张用完了。”

诺诺妈妈性子比较急，就对着诺诺噼里啪啦一阵发泄：“说，纸都到哪里去了？都交了什么作业？你自己好好地计算计算？我都算过了，你一周用 30 张，两周 60 张，那另外的 400 多张哪里去了？”

诺诺当即目瞪口呆，完全说不出话来。

诺诺妈妈干着急，没办法，只好试着向老师求助。

诺诺比较胆小，从不和任何学生发生矛盾。可是，在学校里，有什么事情还是愿意和老师交流的。事情很快了解清楚了，诺诺的纸张经常“借给同学”，借过之后，下一次同学接着“借”。于是，诺诺陷入了周而复始的无偿“借出”纸张的游戏之中。

我们这里不讨论个别孩子的行为，显而易见，诺诺是典型的讨好型人格。妈妈性格急躁，诺诺常常有话不敢说，长时间以来，即使在外边，诺诺也不敢轻易地表达自己的想法。当别人向诺诺“借”东西的时候，诺诺不懂得拒绝，虽然有的人借东西从来不还，诺诺内心很不高兴，可是下次还是不会拒绝别人，就这样陷入了恶性循环。

诺诺妈妈意识到自己才是造成诺诺做出这样的事的根本原因。于是诺诺妈妈决定彻底改变自己、改变孩子。

可是这谈何容易呢？千头万绪该从哪里下手呢？虽然自己很爱孩子，几乎是有求必应，然而是自己对孩子过于严厉的教育方式，才让孩子在面对自己时总是不敢表达他的想法。这样的诺诺，应该感受不到自己对他的爱吧？

诺诺妈妈最终还是决定，从改变自己对待诺诺的态度开始：不指责、不呵斥，无论多大的事，面对诺诺时，都要控制自己的脾气，心平气和地和诺诺交流。让诺诺真正感受到妈妈是爱他的，他可以放心大胆地表达自己的想法。

诺诺妈妈用最快的速度，重新为诺诺买来了纸张。当妈妈把整整一包纸递到诺诺面前时，诺诺惊讶地看向妈妈，眼睛里是掩饰不住的疑惑：“昨天你不是还批评我用得快吗？”

看着孩子小心翼翼又惊讶的表情，诺诺妈妈一阵心酸，这就是自己培养的孩子，在妈妈面前都不敢表达自己。

诺诺妈妈握着孩子的手说：“妈妈错了，不该什么都不问，就对你噼里啪啦一顿呵斥。妈妈要控制脾气，好好说话。你看，妈妈都把对自己的要求写成条幅，挂在了墙上。”

诺诺顺着妈妈的目光，看了看墙上挂的条幅，又看了看妈妈，迟疑地点了点头。

“以后，每天到学校，一次带20张纸吧，背着挺沉的。”妈妈没有直接点明，诺诺控制不了自己的讨好型性格：拿着一大包纸，又要陷入“不停地借给别人——难过——借给别人”的恶性循环中。

第二天，诺诺回来，果然，一张纸都不剩。

“诺诺，今天都在A4纸上做了什么作业？”

“美术剪纸、实验材料，还有数学的小报。”诺诺想了想说道。

“那你觉得明天带多少张就够了？”妈妈问。

“10张吧？”诺诺迟疑地答道，“我有时候会做坏，要重新用纸。”

诺诺妈妈深吸一口气，还好。于是，她决定再进一步：“今天你没带那么多纸，没人为难你吧？”

这问题，问得真难为情。可是，诺诺倒没觉察出什么，说：“他们只是有点不开心。”

“嗯！我们诺诺开心就好。他们可以想办法自己解决。”诺诺妈妈开心地对诺诺说。

到现在为止，诺诺妈妈还只是走出了第一步，让我们拭目以待吧。只要妈妈改变了自己的教育方式，孩子一定不会辜负妈妈的付出。

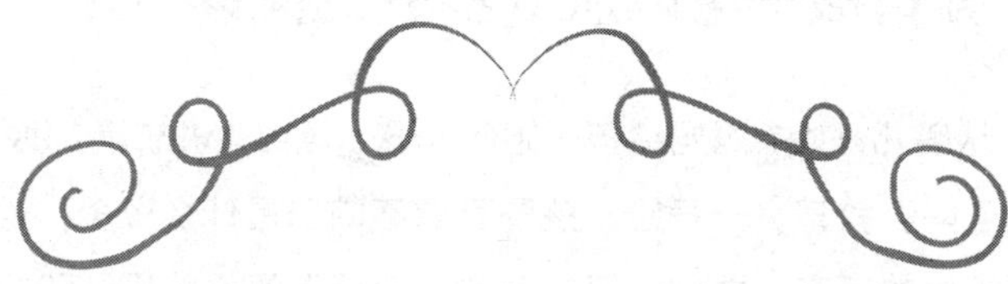

第 10 章 教育孩子从阅读开始

教育孩子从阅读开始，妈妈们要明白，这是一个需要极大耐心、长期坚持不懈才有可能得到收获的过程。但是，也正是最初的正确引导，才会使之后的育儿之路越来越平坦。

10.1 教育孩子可以从 0 岁开始阅读

从婴儿开始，妈妈给孩子哼唱儿歌、童谣，讲故事，读绘本，都属于阅读教育。一开始，孩子可能不明白是什么意思，但他能听到妈妈的声音，看到妈妈的动作，感受到妈妈的爱，和妈妈相处很愉悦，能从思想上接受这种相处模式，很快感受到阅读的乐趣。研究表明，儿童学会阅读的最佳年龄是 0 ～ 7 岁，所以家长陪孩子阅读开始得越早越好。由于各种原因，从 6 岁才开始阅读的孩子，家长也不必过于担心，只要方法得当，6 岁的孩子有年龄大、理解快的优势，能更快学会阅读。

10.1.1 要做好当复读机的准备

全家齐参与，争做孩子的复读机。更多的人和孩子互动阅读，能形成良好的家庭阅读氛围，在群体效应和榜样作用下，更容易使孩子的阅读兴趣高涨。

因为工作的原因，我接触过很多刚上一年级的孩子和他们的家长。这些人基本上分为两大类：

一类是从来没有做过学前阅读，只是幼儿园快毕业时突击认识一些字，最多也就是二三百个；另一类是家长早早开始培养孩子的阅读习惯，亲子阅读了好多书，虽然孩子不能完全自主阅读，但能连猜带蒙地自己读下去。显然，第二类孩子无论从习惯，还是适应学校生活方面，都比第一类要如鱼得水得多。

很有意思的是，这两类孩子在学校会很自然地分成两拨。爱读书的凑到一块儿，交流的都是有什么好书、读书的好处；不怎么读书的凑到一块儿，都是打打闹闹，或者谈论某些游戏。因为从小喜欢接触的东西不同，小小年纪就已经有了区别。

当孩子能听懂故事，甚至达到痴迷的程度的时候，不夸张地说，即使孩子还没有学会识字，不能自主阅读，也会有很大的精力和兴趣，会让你一刻不停地读下去。想一想，一天至少不停读书 6 ～ 12 个小时，是什么滋味？最难的是，孩子因为年龄特点，遇到喜欢的书或故事会不厌其烦地重复要求读一个故事。我猜测，可能同样的故事，每读一遍，小孩子听起来的感觉都是不一样的。不管怎么样，我们在和孩子进行亲子阅读时，要始终坚持唤起孩子的兴趣，尊重孩子，遵循因势利导的原则。

那些早早开始自主阅读的孩子，无一例外，都经过家长漫长的阅读陪伴。方法多种多样，但最初家长都像复读机一样，给孩子一遍一遍地阅读。

我大概回忆了一下，从乐乐几个月开始，到 4 岁多断断续续识字，5 岁半左右自主阅读，我差不多像复读机一样地读了 5 年的时间。

当然，孩子年龄越小，读得越多。一开始，我只是给乐乐读最简单的绘本，并不感到太累。到乐乐 2 岁左右，开始有了自己的要求和思想，才真是“费妈”的开始。乐乐常常一天恨不得所有的时间都让我读，特别让我难受的就是重复。

乐乐在 3 岁左右时，迷上了叮当狗的故事。尽管叮当狗的故事他已经背得滚瓜烂熟，能够脱口而出，但还是要每天听读，还不能错一个字。这样一个故事，我持续读了一个多月。

我最大的失误是，当时没有想到让乐乐识字，一直到乐乐快5岁时我才意识到这一点。这也导致了乐乐一直到5岁半以后才勉强学会自主阅读。当然，长时间地陪伴孩子阅读也有好处。在和乐乐一起阅读的过程中，我发现，小孩子其实很享受和妈妈一块儿阅读的时间，并时不时地问问题，这是一种情感的需要。虽然自主阅读开始得越早越好，但我从不建议，将孩子早早地和父母的陪伴剥离开。

有人说，可以放音频啊。确实，放音频可以代替一部分亲子陪读，但完全取代是不现实的。孩子的特性，决定了他不可能有很长时间的注意力；没有人互动，也无法长时间保持兴趣。更重要的是，放音频无法满足孩子对父母的情感需求。

我在陪伴乐乐阅读中发现，如果我兴致很高，不停地和孩子变换花样阅读，孩子的兴致也会较高，玩得也持久一些；如果我不想读，孩子又不认识字，虽然他很想知道书中说的到底是什么，但自己看不懂，也不会有长时间的兴趣，很快就会被别的事物所吸引。

一项测试表明，人类接收图片信息时，一分钟内大概能有效接收1张，但动画片的图片变换一般达到每分钟7～8张。所以，大多数时候，孩子看完动画片，基本上很难记住多少有用的信息，而记住得更多的是刺激性画面。但是，这种强烈的刺激很容易使人兴奋，促使孩子去被动地接收信息。

所以，妈妈在陪伴孩子阅读的过程中，一定要尽量避免孩子过早地沉溺于游戏、动画片中，要做好当复读机的准备，并保持和孩子互动，使用分角色、游戏等多种方法交叉进行。这种方法，虽然“费妈”，但也正是在这个过程中，亲子关系更加融洽，妈妈做好了孩子的表率，很快会把孩子引上阅读的道路。当然，如果有条件，最好还是全家齐参与。

假期的时候，亲戚的孩子因为常和乐乐一块儿玩，看到乐乐经常阅读，也跟着一块儿读，还常常借走乐乐喜欢的书，最后也形成了爱阅读的好习惯。可惜的是，这孩子因为没有人引导，只喜欢看小说。提到这件事，只是想告诉家长，培养孩子的阅读习惯，应创造家庭齐参与的阅读环境，大家争做复读机，真的好过妈妈单打独斗。

10.1.2 以游戏方式教孩子指读

> 在有趣的阅读游戏中，不断重复同一个故事，认识生字词，既增加了识字量，又增长了阅读量，还提高了阅读的兴致。孩子天性喜欢游戏，现在的儿童图书都很好玩儿，只要家长真正参与进来，很快就能引起孩子的兴趣。

刚开始阅读时，一定要让孩子觉得阅读很简单，并且是一件很愉快的事情。在游戏中学习，是符合孩子天性的学习方式。

乐乐很爱听故事、看绘本，只要看到我拿起书，不管看不看得懂，都要蹭到我跟前。当时，我没有经验，和乐乐一块儿看书的时候，大多数时间都是我在读，乐乐听、看，只要一停下来，乐乐就催促。看到孩子这么喜欢看书、听故事，还时不时地从嘴里蹦出一些书中的字词、语句、故事，我曾经一度非常开心。孩子爱学习是好事，即使再累，我也觉得值得。

可是，后来我发现，乐乐虽然听了很多故事，也学会了很多字词，语言表达非常出彩，却是个“识字文盲”：一本他熟悉的书，无论翻到哪一页，都能一字不差地说下来，但要他看着字来说，念出的字和手指的字完全不搭。我在育儿群里和好多妈妈交流，发现很多孩子都有这样的问题。

儿童年龄的特点，决定了他们有强烈的好奇心和非常好的记忆力，所以他们能完整无误地记忆很多东西。但是，我却忽视了人类学习语言和阅读的最根本的东西，学习时，听、说、读、写全面配合，用眼睛看、耳朵听、手写、嘴读、大脑思考，所有的感官一起调动起来，才会达到最好的效果。

可我在和孩子一起阅读的过程中，只是让孩子看、听，偶尔说一说。虽然乐乐现在年龄稍微有点小，不必学写字，可为了快速实现孩子的自主阅读，尽量多认识一些字还是可以实现的。

但是在短时间内，强迫孩子大量识字，很容易激起孩子强烈的逆反心理，甚至会使孩子厌学，还导致大家都很痛苦，效果一点也不好。

我以前所在的学校曾经专门做过一个实验，复习期间密集训练字词、测试字词，真的，再没有比那更糟糕的体验了：将很多单个的字词放在一块儿，没有意义地联系，复习起来枯燥无聊，考试时令人发晕。

我决定让乐乐在阅读中学识字。

一开始，学识字就遭到了乐乐强烈的抵制。你想啊，原来每次都是我给乐乐读，他只要用耳朵听，用眼睛看看就行了，最多高兴的时候，陪着念一念。现在却要他走出舒适区，让他的手也要参与进来，他怎么可能愿意？单纯地强制一两次还可以，如果次数多了，引起孩子的反感，就得不偿失了。

没有孩子能拒绝得了游戏，最好的办法就是让孩子在游戏中认字。我和乐乐在阅读中学认字，采用的是以游戏方式指读的方法。

一开始，我找了一本乐乐最喜欢的《幼儿画报》，因为乐乐对内容熟悉到倒背如流，又特别喜欢红袋鼠、跳跳蛙，我们就比赛，看谁能找到“红袋鼠、跳跳蛙”这几个字，看谁找到得最多。可能有人会问，这书本来就是你读给孩子听的，他能相信你没有他找得快？是的，所以我经常说，我们一定不要用成年人的思维来揣测孩子的思维。孩子在和妈妈游戏过程中，是一种单纯的参与、享受，可能感受更多的是我要胜过你的信心，也就是初生牛犊不怕虎的精神。

在这个游戏中，我并没有苛求乐乐是否真认准了“红袋鼠、跳跳蛙”这几个字。玩过这个游戏后，孩子对这样的方式非常喜欢，每天都要随机找出几个字，我们比一比，看谁先找到，这样坚持了一周多的时间，因为我常常输给乐乐，孩子慢慢对指着找字认字越来越有兴趣，常常叮嘱我：“妈妈，你要多练习呀。”

有时候，我还采取孩子指读我认字的方式，乐乐和我开发了好多玩法：跳着指、快指、慢指。在和孩子阅读时，我还经常变换阅读方式：有时候是轮流指读，你一次我一次；有时候是交替指读，你一句我一句，或者你一页我一页；其中，分角色指读是孩子的最爱。在这个过程中，我们享受的是亲子阅读的快乐。

我们一定要清楚，我们的目的是把孩子引上自主阅读之路。所以在阅读中，不要强调这个字什么读音、那个字什么时候学过，不要管他是不是真的认准了每个字，只要孩子有兴趣就好，兴趣就是最好的老师。在每天的陪伴阅读中，很多错别字、陌生的字，就像敌人一样，会慢慢被干掉的。

可以想一想，假如你说错了什么，别人当面指出，你会不会感觉不舒服？孩子也是一样，你不当面即刻纠正孩子的错误，能很好地避免孩子的不好意思和尴尬。我注意到，乐乐在读有些不确定的字词时，会扭头观察我的表情，好像生怕自己出错受到批评一样。事实上，我接触的很多孩子都有察言观色的本领。所以我们在和孩子相处时，一定要小心，不苛责，少批评，多表扬，尽可能地保护孩子的自尊心。

有时候，为了玩得尽兴，我还要装作乐乐指到了我不认识的字，然后煞有介事地去查字典，可把乐乐高兴坏了。乐乐为了每次都能赢我，读书的时候越来越认真了，小指头跟着一点一点的。这个过程，持续了两个多月的时间，乐乐基本上就能自己阅读简单的书籍了。

想起一件有些尴尬的事情：

老家有一对双胞胎，快到上学年龄还没有启蒙。有一次我们在一块儿玩，我一时兴起教他们认读自己的名字，正着读、倒着读、每个字单独读，足足折腾了半个小时，再让他们看每个字，他们还是不认识。

是这两个孩子笨吗？不是，只是他们之前没接触过这方面的东西，一下接受全新的信息，很难适应。再加上单调地认几个字，虽然花样翻来翻去，但仍然属于短时间内的密集训练，效果一点儿都不会好。正确的方法应该是将识字融入故事或游戏，在故事中进行，在游戏中进行。

我在和乐乐阅读时，有好长一段时间，乐乐每天晚上关灯睡觉之前都要听跳跳蛙和红袋鼠的故事，还不能讲错一个字。为了避免出错而耽误睡觉，我就和乐乐商量，开发了跳跳蛙、红袋鼠旅游探险系列故事。白天，乐乐就在地图上找到红袋鼠、跳跳蛙的最新旅游地点，在红袋鼠、跳跳蛙走过的地方看到什么、这个地方有什么神奇之处、它们遇到什么危险，乐乐都要做个小标记，在寻找的过程中乐乐又认识了不少字。

不要认为这很幼稚，要用孩子的眼光来看待这个世界。在和孩子做游戏的过程中，不要和孩子争输赢，适当地认输，不断地激发孩子的阅读兴趣。达到目的，就是最大的成就。在游戏阅读过程中，整幅地图也常常被搞得面目全非，可这又怎么样？孩子的学习兴趣是最关键的。虽然辛苦，但在养育孩子的过程中，也促进了家长的自我成长。和孩子一块看同一本书、一块儿互动，这是最好的成长方式。

10.2 顺利打造孩子的阅读体系

> 一旦开始阅读，不同的孩子会有不同的偏好，那么妈妈们应该怎么看待这样的问题？又应该从哪些方面来支持孩子呢？我觉得引导孩子阅读总的原则就是因势利导，顺势而为。选择孩子喜欢的、感兴趣的内容，先上路，再找重点、深挖。

10.2.1 保持浓厚的阅读兴趣

> 兴趣是最好的老师。

对乐乐的阅读，我采取的是不干涉、顺势而为的方法。但在这之前，我也踩过很多坑。

乐乐3岁多的时候，我们这边很流行背诵《三字经》，我也跟风，领着乐乐玩了几天。因为乐乐实在不感兴趣，不愿跟着念，甚至都懒得看，也懒得开口，我只好放弃了。后来，直到乐乐三年级，因为学校每天检查，乐乐没办法，才勉强背了下来。

孩子的兴趣在哪里，就会在哪里下功夫，哪里就一定会有收获。你不知道生活中的哪个点会引起孩子的兴趣，甚至引发他对一系列书籍的痴迷。

乐乐小时候，特别喜欢大的东西。比如公交车，只要我们一出大院，看到路上来来往往的公交车，乐乐就要一直看下去，我还因此给他买了很多关于公交车的书籍、玩具。当然，结局很有喜剧效果，后来在他的强烈要求下，我们坐了一次公交车，因为公交车太过晃荡，乐乐竟然从此对公交车失去了兴致。

所以，对于孩子，一定要特别注意保护他的阅读兴趣。对孩子的阅读不必强求，只要内容是健康的，我们不妨遵从孩子的喜好，顺势而为。对于孩子阅读什么书、每天阅读多少，只要不影响孩子的正常生活和身体健康，也尽量不要过多干涉。

在低年龄段，唤起了孩子阅读的兴趣，再慢慢地有目的地引导孩子看更多种类的书籍。

我最喜欢和乐乐玩的游戏就是我们一块儿寻找书柜里有没有乐乐喜欢的宝藏。每次乐乐找到自己喜欢的书，总是高兴地大喊：

“哇，我以前怎么没发现！”

事实上，这些书都是我预备好的。但每次我都要配合孩子高兴地演戏。反正，只要目的达到了，演演戏又何妨？所以，在这方面妈妈有优势，能很好地观察孩子的喜好，为孩子不断地制造惊喜，让孩子很便利地“发现”一些他从来没接触过的书籍，始终对书籍保持浓厚的兴趣，逐渐拓展阅读范围。

10.2.2　学会阅读的基本方法

从三年级或者四年级开始，在家长的辅助下，孩子进入有目的的精读阶段，这有利于阅读和习作的共同进步。

孩子入学以后，配合着学校的教学，妈妈要特别注意孩子阅读方法的学习。

一般来说，在低年级阶段，孩子还处于保持兴趣的泛读阶段，从三年级或四年级开始，在家长的辅助下，孩子才进入有目的地精读阶段。家长在孩子低年级阶段往往更多地关注的是孩子的字词认读和阅读习惯，这也是低年级自主阅读的重点，但很多时候家长却忽略了对孩子阅读的点拨。

乐乐在低年级阶段时阅读量确实很大，我一般也是尊重他的喜好，没有过多地干预，甚至阅读理解方面也有意忽略了，总觉得阅读和理解是水到渠成的事情；但是，现实很快打脸了，乐乐二年级期末考试中语文基本上满分，到三年级期中考试的时候语文却只考了 92 分，且失分主要在阅读理解和作文方面。

面对这样的问题，我认真反思，并且和乐乐在阅读理解和作文方面好好地复盘，这才发现，乐乐确实是有一些阅读理解的基础概念都记得不太清楚，更不要说运用了。还有作文，我们知道，学校的考试再怎么变化，作文也是围绕着本学期学习的课文、训练的单元作文来变化的，可乐乐对写过的作文毫不在意，根本就没认识到这之间的联系。我又找了几本乐乐读过的书，对他稍加提问，才发现，乐乐现在读书时只顾追逐故事情节。

我是越观察越头大，我意识到“学会自主阅读，孩子上学后就可以完全听之任之”的想法完全错了。

不仅孩子的学习我们要时刻关注，孩子的阅读也不能放松。要知道，学校的课堂教学，由于受学生人数和时间的限制，老师只能照顾到大多数孩子的平均水平。

阅读理解和作文是语文学习的根本。我只好打起精神，和乐乐一块儿，围绕结构、写作手法、语言特点，把阅读理解重新捋了捋。作文是最麻烦的，我们把三年级上册的几篇习作全部拿出来，每一篇都对照单元学习要求、习作要求，好好地分析，之后乐乐重写、再修改、再重写，整个暑假弄了好几轮。最后再来看试卷上的作文和前几篇文章间的关系，再重写、修改。至于阅读书籍方面，乐乐读的书，我尽量提前看一看，找到和乐乐的共同话题，引导乐乐把阅读关注重点转移到知识点上。

可能有人会感到疑惑，不是说阅读吗？怎么又写作文？是的，阅读和作文，都是同一事物的两个方面。阅读的时候，我们所有关注的点都是写作中应该注意的地方；同样，写作中能注意到的地方也是阅读的重点。任何时候，都不能只做无目的的阅读。

10.2.3 一阶段只读一本书

> 孩子一个阶段只读一本书，是一种很好的进入“主题阅读”的方法。一般来说，四年级前进行泛读，解决识字问题，四年级以后就可以进行专项深度阅读了。一年读一本好书，可能时间上还不一定够，而且需要家长一起参与。

孩子不管喜欢什么，总会有鲜明的喜好，那就配合他好了，只要保持浓厚的阅读兴趣，重复又有什么关系？可能在这个过程中，孩子不仅加深了理解，还想到了许多关联的故事，提出了许多新的问题，顺便又多认了几个字。所以，千万不要仅限于让孩子背会就好了，顺势而为，多重复，未必不是好事。

乐乐是在三年级暑假迷上《西游记》的。在部编版的语文课本，五年级下册《快乐读书吧》栏目中，要求孩子读《西游记》和更多的中国古典名著。

乐乐之所以开始读《西游记》，一方面是他已经三年级，认识了三千左右个字，阅读了很多课外书，完全能自主阅读，另一方面就是受电视剧《西游记》的影响，暑假里每天都雷打不动看两集《西游记》。乐乐完全被孙悟空的武艺高强、疾恶如仇、火眼金睛、七十二变吸引住了，一天到晚模仿孙悟空的动作，嘴里喊着：“妖怪，哪里走？吃俺老孙一棒！”正好家里有本《西游记》，乐乐就看了起来。

于是，整个暑假里乐乐除了完成暑假作业，就是看电视剧《西游记》，然后抱着一本厚厚的《西游记》，看得有滋有味。我当时并没有多想，只是觉得他能自己看书，我也多了许多自由的时间，虽然还要回答他的许多“为什么”。

一开始，我没有怎么干涉乐乐阅读《西游记》。因为当时电视中正在播放电视剧《西游记》，所以乐乐每天都要在看完电视剧和书的时候，把当天电视剧情书中涉及的部分翻出来好好看看。看完了，还要和我一起讨论里边的故事情节、出场的人物、孙悟空用到的变化手段、装扮、景物描写等，对这些乐乐简直如数家珍。

乐乐一直沉迷《西游记》，因为语文课程标准里有对小学生阅读名著的要求，我给他买了一本学生版的《西游记》。当时我并没有想太多，只是觉得家里那本太旧了，都脱页了，看起来太费劲。谁知道，乐乐并不喜欢，还是要看原来的那本。我拿来翻了翻，原来是学生版的书删减太多，完全失去了原书的韵味。我这才意识到，以后选择图书时一定要特别关注版本的选择。学生版的书，尤其是有些名著，删减过后真的是失去很多味道。

四年级开学不久，我意识到该让乐乐开始“主题阅读”了。主题阅读就是围绕一本书或一个主题，寻找同作者的书，或同一类的书，或同样内容不同版本，又或不同评价的书，对比拓展着看。往往在这个过程中，孩子又会在这些书中发现更多有趣的书籍信息，就这样阅读着，持续不断地走下去。

我偶然在图书馆翻到一本名家批注的《西游记》，这是很老的版本，分上、中、下三册，但是只有下册。我拿回家的时候，乐乐很高兴。看着这样的书，乐乐觉得很有意思，竟然有人把自己的想法写在别人的作品旁边，还印成了书。我趁机告诉乐乐，这就是做批注的方式，不仅是《西游记》，还有其他的名著和作品，都有做批注印成书的，不仅能帮助后人学习，还很有学术价值，他也可以学习这种方式，在自己的书上边读边记下自己的想法。果然，后来乐乐在阅读的书上，都留下了好多有意思的涂鸦。

因为乐乐特别喜欢孙悟空，我又特意在网上买了几本有关《西游记》的书籍，让乐乐对比着读。乐乐很快明白，对同一个人物，可以从那么多个角度产生不同的看法，但根据文章中的描述，又能解释得合情合理。也就是说，要学会从字里行间分析人物，从不同角度去感受一个作品中的形象。可以说，乐乐的语文底子，基本上就是靠读《西游记》打下的。这种读书方法，就是主题阅读，他无意中自由践行了深度主题阅读，我们只不过是配合而已。

自此，乐乐真正开始进入“主题阅读”模式。四年级前通过泛读解决识字问题，四年级以后就可以进行专项深度阅读了。总的来说，要让孩子真正喜欢上阅读，不必刻意追求用什么方法，顺势而为就好。我们只要做好舵手，给孩子提供足够的书籍和阅读支持，把握阅读的航向，孩子一定会给你带来惊喜。

10.2.4 给孩子创造展示的机会

> 生活中，总是会有某一点会出其不意地激发孩子的阅读兴趣。如果他恰好记录下来，家长再适时地提供书籍的支持，孩子的阅读兴趣就会被无限放大，可能还会牵引出更多孩子感兴趣的东西。自己的创作，又反过来激励孩子产生更多的主意，孩子在不断的新的创作刺激、阅读过程中，会自动迭代成长，加深对阅读的理解与再创造。

人都需要得到认可，小孩子也不例外。比如一二年级的孩子，一朵小红花、一个小印章、老师的一个口头表扬，都会成为他们好好表现的动力。

在乐乐的成长过程中，因为有意限制他玩游戏、看动画片，所以乐乐和小朋友比较时，就很失落。于是我给了乐乐一个旧的数码相机，还有一部不能上网的旧手机。我的本意是平衡孩子的心情，但没想到，这些东西确实给孩子带来很多意想不到的乐趣。

那些童言童语、读的小故事、自己编的后续、同学之间的趣事，乐乐记录了很多。这种自娱自乐，不仅能激发孩子的兴趣，还能留下许多有趣的素材，经常看一看、听一听，给生活增添了许多小乐趣。更重要的是，不知不觉间，增加了阅读量，进行了输出，还创造出了生活中的更多美好。

除了阅读外，乐乐也非常喜欢拍他用玩具自编自导的故事片、日常生活中的小事，还有他自己在阳台上种植的向日葵等绿植。这些真实的生活记录，孩子觉得好玩，乐此不疲，带来了好多乐趣。乐乐写作文的时候，常常把自己录的“作品”找出来，还真能获得好多灵感。

乐乐在种植过程中取得的最大的收获是两棵向日葵、几棵黄豆，从种植到发芽、成长、开花、结果，他在这个过程中拍了好多片段，写下了好多篇植物生长日记。

有一年中秋，家里买了螃蟹，放螃蟹的大盆没有盖盖子。晚上螃蟹从盆子里溜走了，直到第二天才从橱柜下找出来。乐乐因此自编自导，拍摄螃蟹出逃的故事。因为太感兴趣了，乐乐自己又阅读了有关螃蟹习性、特点、生活在什么地方等相关书籍。有好长一段时间，乐乐都处于螃蟹出逃带来的兴奋之中，也因此多看了好多书，录了好多童言童语，在好几次作文中都写到螃蟹的故事。

我们还可以帮助孩子在报刊上发表文章，或者在某平台给孩子注册账号、读小故事，对于孩子来说，能有机会发布作品。看到自己得到别人的认可，有了展示自己的机会，孩子会获得成就感。这些小小的成就，形成一个个正向激励，使孩子更加愿意好好创作自己的作品，热情会更高涨，也更愿意阅读。

10.3　阅读影响孩子的思想行为

阅读能够潜移默化地影响孩子，让孩子养成好的生活习惯、识别真善美，知道做什么事都要不懈努力。

好的故事能够潜移默化地影响孩子，让孩子养成好的生活习惯。

乐乐喜欢红袋鼠和跳跳蛙的故事，做什么事都喜欢模仿它们。于是，平常口中经常念叨：红袋鼠和跳跳蛙怎么刷牙、洗手、讲究卫生、排队、向父母分享等，并因此学会了要讲卫生、遵守纪律、尊敬父母、爱护公物等。因为感兴趣，所以喜欢，进而模仿学习。这一系列的过程，没有强制，而是一种自然的浸润，而且比简单的命令和指责的效果要好得多。所以，选择好的书籍，就等于给孩子选择好的朋友。

好的故事能够潜移默化地影响孩子，让孩子识别真善美。

乐乐在读《西游记》的过程中经常问："妈妈，孙悟空是坏人还是好人？那他杀了人，也是好人？唐僧并没有高深的武艺，这些人没办法才听他的，但最终还是坚持取到真经，他就有这么大的功劳？猪八戒好吃懒做，最后也封了官，太可笑了吧！”

好的故事能够潜移默化地影响孩子，让孩子知道做什么事都要不懈努力。

“作者吴承恩也太棒了吧，写出这么多字的书，他是怎么写出来的？您看这每一章后面都有这么长的诗，我们看懂都已经很艰难了，他却能写出来？这本书很有意思，你看别的故事书，题目都是单句，这个都是两句，看上去一样。一本《西游记》已经很棒了，还有那么多人围绕着《西游记》写了那么多的批注，衍生了那么多的作品。你看，改编成电视剧，又和书本差别那么大，那四大名著得有多少相关作品呢？特别是《红楼梦》，都有了专门的研究……”

乐乐在阅读中，我能回答的，就告诉他，不能回答的，就和他一块儿查找资料。更重要的是，在不知不觉中，乐乐养成了许多好习惯，知道了什么是真善美，知道了做什么事都要有百折不挠的精神，还知道有人能创作出想象力这么丰富的作品，还发现语言的世界是多么丰富多彩。人类的文化是多么博大精深，这个世界还有太多我们可以探索的地方，需要我们终其一生去追逐。

10.4 阅读影响孩子的专注力

> 专注力是人能否纵深发展的先决条件，家长一定要注意保护孩子的专注力。

无论是指读阶段，还是自主阅读阶段，乐乐都很讨厌别人打扰。

我白天独自带乐乐，在和乐乐一块儿阅读的时候，如果正好遇上要处理一些琐事，比如拿个快递、有客人拜访，孩子会很不高兴，又特别无奈，很明显是自己的阅读受到了干扰。

我倾向于一种说法，孩子的专注力都是天生的，特别是幼儿和儿童时期。比如幼儿时期的孩子，可能连一只蚂蚁都会观察好长时间。

在我和乐乐一起阅读的过程中，我发现，每次买了新书，一定不能一下子全拿出来。最初的时候，我给乐乐买《幼儿画报》，一套是三本。好了，这下找事了，乐乐要求这三本书必须一下子全读完，否则怎么都不愿意睡觉。读完一遍还想听第二遍，最后我都困得睁不开眼了，乐乐还很精神。我也明白了，小孩子喜欢上一件事情，那真是一根筋，眼里、心里都是这一件事。

当然，孩子能专注于一件事，这是好事。我们要做的就是好好保护孩子的专注力，并且提供力所能及的支持。我小时候，也很喜欢看书，但是家里总是有很多的活计，比如割草、扫地、收麦子，一年到头忙不完。我也不例外，常常在看书的时候被叫去干活。可是现在不同了，小孩子很少有什么劳动任务，可以有很多的时间阅读，所以我们要做到不干扰、多保护。

我观察过很多家长，他们在幼儿和儿童时期本该保护孩子的专注力、培养孩子的阅读习惯的时候，做得很不合格。

一类是完全放纵型的家长，现在的各类资源太容易获取了，孩子天性兴趣广泛，你要让一个孩子无所事事，而又安安静静几乎是不可能的。所以，这一部分家长找到了最简单省事的方法，就是让孩子看影视剧、动画片或玩游戏。孩子确实很专心、很安静，也很让家长省心。可是，恰恰是这样看似能让孩子专注的行为，正在极大地破坏孩子的专注力。

儿童最佳的阅读养成年龄是 0 ～ 7 岁。学会说话很容易，但学会阅读需要一定时间的反复训练，让孩子在手、口、眼、耳、脑的全方位配合下，学会一种学习方式，是有一定难度的。前面说过，据一项针对儿童的研究表明，人脑一分钟能记住的有效画面只有 1 张。但动画片现在能达到每分钟播放 7 ～ 8 张，经过强烈的刺激后，孩子又能记下多少有用的东西呢？

在当今时代，我们不可能完全与电子产品隔绝，家长只能是尽量减少孩子玩电子产品的时间。在该阅读的年龄，引导孩子把更多的注意力放在文字阅读上。

我仔细观察过乐乐玩游戏的情况：全神贯注，精神高度紧张，常常玩一局游戏下来，能出一身汗。这种情况只能说明游戏对孩子的影响太大了，全然没有阅读时的平和快乐。这对于一个性格、人格正在成长塑造的孩子来说，绝对不是好的影响。所以，我对乐乐玩游戏之类，不说完全杜绝，但一直是限制的。

另一类是溺爱型的家长，生怕累着孩子。他们一般是支持孩子阅读的，但又对孩子过于关心，在孩子阅读时，时不时打扰孩子：“要不要吃点东西、喝点水？休息一下？”这样的家长，只要做到对孩子尽量少干扰就行了，在孩子阅读的时候，注意观察，适时帮助。

乐乐沉浸在书中的时候，我在旁边叫他，要叫好几声他才能听到，并且非常恼怒我打断了他的思绪。后来，我就尽量在他独自专心看书的时候静悄悄的，除非他熬夜，影响到睡觉。对于孩子到卫生间带书、吃饭看书，只要时间不过分长，就睁一只眼闭一只眼好了。若孩子看书入迷，耽误了吃饭，如果不急着上班、上学，就耽误一会儿好了。

总之，尽量让孩子保持看书的愉悦和热情，尽量保证孩子的专注力不被破坏。

10.5　帮助孩子学会费曼学习法

> 找对方法，就成功了一半。费曼学习法是适合所有学科的学习方法。

期中考试后，乐乐回家，高高兴兴地说："妈妈，妈妈，我语文考了92分，只有阅读和作文扣了几分，全班第一。"

我一听，就心头火起，三年级，语文92分，而且分全扣在阅读和作文，这还值得骄傲？我搞不明白，乐乐今年三年级，简直是一个小书迷，放学回家就抱着书看，可是，这么爱读书，一学期下来，考试成绩才92分！我压下心头的怒火，接过乐乐的卷子认真看了起来。

我仔细地看了看卷子，失分主要在阅读理解和习作两个方面。这份面向全体学生的期中检测卷，虽然乐乐考了92分，但习作和阅读却不过关。严格来说，这就是学习不达标。这样看来，乐乐最大的问题是出在学习方法上。乐乐虽然看了很多书，也知道了很多课外知识，积累了一些好词、好句，熟知许多小故事，但不代表他能很好地将课外知识与课内学习结合。

虽然我很想好好地教训乐乐一顿，但我瞬间想到邻居石姐，她是一位教师，对自己的孩子异常严格，只要成绩下降，就非打即骂，甚至把试卷扔到孩子脸上。孩子虽然不敢反抗，可眼睛里的委屈和不甘，看着让人心疼。

我绝对不会只为发泄自己的情绪就对孩子大吵一顿，那只能让乐乐不高兴，他并不会知道自己学习的漏洞有多大，而且会影响我们之间的亲子关系。我相信，孩子教育出现的问题，都是父母的问题。乐乐学习能有这样的结果，也是因为我的放任自流。现在最好的办法，就是我亲自出马，想办法教给孩子一些学习的方法，让乐乐补上阅读和习作的短板。

1. 整理书架做预热

乐乐最喜欢的就是他的书，看着家里扔得乱七八糟的书，我决定，带着乐乐整理书柜，趁机来给他洗洗脑，做个预热。

“乐乐，今天我们把书收一收，重新整理书柜，好不好？”

乐乐很爽快地答应了，很快开始捡桌子上、地板上、沙发上各处散落的书。我们俩花了好长时间，才把书收拢到一块儿。

“妈妈，这样书架上好乱啊，我们到书店，那么多书，都排得整整齐齐。”

“书店的书都是分类摆放的呀。”我说。

“那我们也把书分类摆放，就比较有序了；看书的时候，找起来就比较方便了。”乐乐说干就干，开始给他的宝贝们分类。等分门别类放好，挑出一些不再看的书籍之后，乐乐还用心地在每一类书的书架上做了小标签。

“乐乐，你为什么要做小标签呢？”

“书店里都这样做啊，我把这些书分了类，想看哪一类书，直接在这一类中找，多方便。再说，就像爸爸，他并不太知道我是怎么摆放书的，他看着这些标签，也能很快找到想看的书。”

孺子可教，我露出了欣慰的笑，整理书架，这不就是简单的“分类——整理——输出”过程吗？看来，从这里开始给乐乐普及学习方法还是可行的。毕竟，乐乐这个年龄太敏感了，做什么事只要心甘情愿就能做得很好，但如果拗着劲来，很容易弄巧成拙。

2. 用打比方学方法

“乐乐，整理完书架，总结一下你的方法呗，妈妈也发到朋友圈，让别的小朋友也学习学习。”

果然，小孩子都经不起表扬，乐乐一下来劲了。

“妈妈，你要按步骤写，让别的小朋友一下就能看明白怎么做。”

“那你来说，妈妈来写，好吧？”我和乐乐商量。

乐乐稍加思索地说：“妈妈，你就写咱们整理书架的这几个主要步骤吧。”

“第一，把所有书籍分类，如故事、百科、成语、课本等。

第二，挑出那些不再看的书籍，另外放好。

第三，把这些书按类别在书架上摆放好。

第四，在每类书所在的书架上做标签。”

“那如果每次看过的书呢？”

“当然是放回原来的地方。”乐乐脱口而出。

我看着乐乐直笑，乐乐急了眼：“不就是我平常乱放书吗？以后从哪里拿就放回哪里好了。”

“乐乐，我们玩个游戏，你现在有这么两大柜子书，你不要看书柜里的书，妈妈来提问，看你能不能猜出你的书都放在哪里。”

我成功地引起了乐乐的兴趣，于是，我说，乐乐猜。

“书架第三排是哪一类书？”

“科普类。”乐乐脱口而出。

“第五排呢？”

“课本。”

“提高点难度，”乐乐提议。

“好，听好了，《海底两万里》放在哪一层？”

“嗯，这是一本科幻小说，放在第二层。”

玩了好长时间，乐乐可兴奋了，每猜出一个，就迫不及待地要求我再说下一个。基本上，那么多书中猜对了十之八九。

休息时间里，我问：“乐乐，你真棒，能猜对这么多，说说你是怎么做到的。”

乐乐可骄傲了：“那还用说，都是我的书，我那么熟悉，还分类整理好，做了标签。现在，我需要什么书，不用想都能直接找到。”

“那你说，要是把大脑想象成书架，那怎么放你看过的书籍呢？那里到底能装得下多少书呢？”

乐乐躺在沙发上，笑得直打滚：“哎哟，哎哟，妈，你也学会开脑洞了，笑死我了。”

玩笑归玩笑，乐乐还是开始认真思考我提的问题，并且天马行空地发挥起来。

“我们大脑里，也设置一排排‘书架’，每次看的书，都分类存放，应该可以放很多吧？”乐乐有些不确定了。

停了一会儿，他又自言自语地说：“电脑上的文件不是可以压缩吗，那存放到大脑里的东西不是更多了？”

我乐了，行啊，这小子，学会联想了，那我就再推一把。

“你的大脑书架上存放了很多书籍，现在你发现更好的书，又有很多重复的，怎么办呢？”

“当然是把重复的清理出来，更换更好的，电脑系统还常常更新呢。”乐乐是个电脑迷，很快回答了上来。

“你觉得整理书籍和大脑中储存知识像不像一回事儿？”

“还真是！”乐乐眯着眼，想了想，重重地点了点头。

看，做什么事，不一定都需要开门见山，可以稍微拐点儿弯，从孩子感兴趣的事情入手，慢慢地做类比，然后引入正题。因为有了一样的底层逻辑，孩子还是很容易接受的。

3. 用课文举例子

经过这么长时间的预热酝酿，我成功地把孩子的思路拓展了。乐乐很轻松地就能明白，往大脑里储存知识，也就是学习，就像往书架上放书一样，也要分类、筛检、更新、输出，不断地重复这个过程。但是，对于如何学习，虽然道理相同，却是一个系统的工程，方法要复杂得多，我该怎样让孩子接受起来不那么困难呢？

学习方法那么多，哪一种更适合孩子长期使用、更好操作、更容易和孩子的日常学习相结合呢？我很快锁定了费曼学习法。

我们知道，费曼学习法是源于美国的一种现代学习理论。学习知识，再教授给他人，也就是讲述给别人，是费曼学习法的核心。通过这样的学习方式，至少能保留 90% 的学习内容。

事实上，我在工作中也有这样的发现，一般来说，备课之后我们要给至少两个班级的学生授课。往往来说，在第一个班上课的时候，更多的是依照备课的内容，争取达到授课内容最大化；但到第二个班的时候，讲课更自如，不仅能按计划完成内容，还会有所发挥，感觉更好了。

很多人都知道这样的话：一胎照书养，二胎照“猪”养。是真的把二胎照猪养吗？显然，这是一种调侃的说法。因为第一胎的时候，家长小心翼翼，多方学习，有了一胎养娃的经验，在养二胎的时候，更容易得心应手，就像养一头小猪一样不再为难。这本身就是“学习——输出——反思——输出”的过程。

这也就说明了，无论是养育孩子，还是做其他事情，第一次都需要一板一眼、认认真真。一旦真正经历过了，绝大部分的内核就被掌握了，接下来再做的时候，就会有更好的发挥。从这个意义上来说，费曼学习法，真的是极好的学习方法。

费曼学习法的过程就是确定目标、以教促学、回顾反思、总结提炼。我认为这和整理书架、整理大脑中的知识的底层逻辑是一样的。

我突然想到小时候的一件事。一年级的时候，老师安排我给一个数学成绩不好的同学讲数学题。当时我根本不知道如何给同学讲，只好直接算好答案让这个同学写上去，老师看见了，狠狠地批评了我一顿。后来很多次想起这件事，我都觉得自己很无辜，我又不知道怎么讲。小孩子的想法有时候很奇特，可能有的孩子很容易明白老师平时讲的，但也有的孩子，可能就不理解。所以，家长在教孩子运用费曼学习法的时候，一定要注意，先做好示范，再让孩子讲，这样孩子既少走了弯路，也容易成功，获得成就感。

比如如何阅读一篇课文，虽然在学校中老师已经教了好多次，为了让乐乐清楚该怎么讲，我还是不怕费事地把需要注意的点全都写在纸上：生字词、有多少段、题目意思、段落的主句、中心句、有没有过渡段、主要内容、中心思想、需要注意的关键词、文章结构、语言特色、对写作文有什么值得借鉴的地方。

乐乐每读完一篇课文，就按照这些需要注意的点，讲给我听。在这个过程中，总会有许多地方是孩子搞不明白的。于是，搞不明白的，乐乐就接着翻看课本，查参考书，接着再讲，循环往复，往往一篇课文，孩子要反复讲好几遍才能过关。孩子在讲的过程中，发现讲不清楚的地方，复习回顾，重新学习，本身就是查漏补缺的过程，然后再讲，再提炼深化，逐渐地解决问题。

有的妈妈可能会问，学过的也要再讲吗？是的，学过不等于学会，孩子只有在讲给别人听的时候，才能真正找到自己不清楚的地方，也才能最大限度地获得新知识。单纯地听讲，随着时间的流逝，可能两周之后，孩子基本上就忘光了。我们不能让每一次复习变成重新学习。

我非常喜欢一句话：一切最好的方法都是老生常谈。

我没想到，这样一通操作下来，效果远远超出了我的预期：乐乐搞清楚了自己学习上的不足，更重要的是，在这个学习过程中，乐乐完全理解了费曼学习法，这可是完全可以迁移到其他学科的学习方法呀！

10.6 快速学习其他学科的基石

> 语文课程标准第一条强调了课程性质与地位：语文素养是学生学好其他课程的基础，也是学生全面发展和终身发展的基础。吕叔湘先生说：语文学科是学习其他各门学科的基础。语文对于学习其他学科最直接的影响就是阅读。

10.6.1 提高语文素养和阅读、思考、表达能力

> 整个阅读过程中，不仅是多认识字词，知道一些故事、有趣的知识，更重要的是阅读理解能力的综合提升，语文素养的全面发展和阅读、思考、表达能力的提高。

语文是基础学科，是各学科的学习基础，而阅读和写作是语文最重要的两个方面。

养成阅读习惯，就可以广泛地接触到更多有深度的思想，和最优秀的人对话，学会更多的学习方法、技巧、处理事情的方式等，站在无数巨人的肩膀上前行。从这个层面来说，阅读培养孩子的学习能力。

当语文学习发展到一定水平，我们发现，最终体现一个人语文素养的，主要是阅读和写作两个方面。而阅读和写作，本身就像镜子的两个面，是互相成就的。

语文课程标准规定了小学教育阶段的阅读量分别是：第一学段，课外阅读总量不少于 5 万字；第二学段，课外阅读总量不少于 40 万字；第三学段，课外阅读总量不少于 100 万字。

作为低年级的孩子，甚至到四年级，还是应该尽量大量泛读。一方面，增加识字量和提高阅读兴趣；另一方面，提高阅读速度和理解能力，广泛获取各方面的基础知识，还可以为以后各学科的学习打下基础。等到进入四年级，孩子尽量在家长的陪伴下，做到精读，哪怕一年精读一本，都会有很大的收获。

整个阅读过程中，不仅是多认识字词，知道了一些故事、有趣的知识，更重要的是阅读理解能力的综合提升、语文素养的全面发展。

任何学科的底层逻辑都是一样的，都要经过阅读、思考、表达三个环节。也就是说，先读懂，再深入学习，才能透彻理解并输出。阅读是输入，思考是内化，表达是输出。只有经过这三个环节，才能形成一个完整的学习闭环。

阅读，从本质上来说，是掌握学习能力的最初抓手。

比如，学会阅读，孩子能很快明白题目表达的意思。记得我在乐乐上一年级的时候才第一次知道，原来一年级考试，是要教师读题的。还有很多低年级孩子在做数学应用题时，总是出错，根本原因还是没真正读懂题目，比如“多多少、增加了、增加到”等，小孩子如果阅读能力不足，在这样的题面前就直接败下阵来了。小学的数学问题，大多是阅读能力不过关所造成的。

任何学习都绕不过阅读、思考、输出三个环节，对于很多人来说，单单学会阅读，已经是很难跨越的一道门槛了。当孩子处于0～7岁这个年龄段时，孩子受到外界干扰最少，接受新鲜事物的能力最强，如果家长能抓住这个时机，不放过任何可以促进孩子阅读的机会，就给孩子打开了一道通往新世界的大门，里面有无数的宝藏，等着孩子去发现。

10.6.2 促进各学科综合能力提升

> 大量的阅读能使孩子快速理解题意，加快读题的速度，有利于提高学习成绩，积累很多学科的周边和背景知识，在阅读中调整学习方法，加强各学科之间的联系。

阅读，在孩子的成长中，特别是在各学科的学习中，究竟扮演什么角色呢？

大量的阅读，可以使孩子快速理解题意。

以小学数学为例，什么“增加到、增加了、多多少、利率提升到、提高”等，孩子如果阅读能力强，能很快读懂题意，剩下就只是计算的问题了。由于孩子广泛阅读，涉及地理、历史、科学等方面的知识，这能为以后学习各科知识打好基础，就像老朋友又见面一样，能很快熟悉起来。一旦没有了理解方面的障碍，能很好地思考学科中遇到的问题。如果留心，你会发现每年的理科状元，其语文成绩都是非常好的。

大量的阅读，可以加快孩子读题的速度，有利于提高学习成绩。

能自主阅读的孩子，阅读量都很大，阅读速度、理解速度都很快。那么在考试的时候，他们能迅速地读完试题，并能理解题意，很快完成考试。很多时候，试题的考点或阅读材料出自他们的课外阅读。

我就常听乐乐说，哪次英语考试的阅读材料，他早就读过。在这种情况下，无疑大量阅读的孩子占有极大的优势。孩子成绩的提高，又增强了孩子的自信心，这就形成了正向反馈，对于孩子的健康成长，有很好的激励作用。

大量的阅读，可以让孩子积累很多学科的知识。

孩子在进行新学科知识的学习时，如果不感到陌生，能把很多知识串联起来。在不断的阅读中，不停地吸收前人的智慧，不停地迭代自己的内部知识系统，想不变得更好都难。要知道，我们面对着不竭的资源体系，就好比在网络世界一样，看不见，摸不着；但你一旦跨进阅读的大门，就像升级打怪一样，会不断地打开新世界的大门。

阅读，就是在不停地与人对话，有可能，你看到的那一本书是作者毕生智慧的结晶，这是何其幸运！

乐乐在三四年级时，阅读了很多关于鸟类和其他动植物的百科类书籍，还有李毓佩系列的数学故事。后来，在接触到很多生物类、数学类的知识时，我经常听乐乐说他以前在哪本书上看到过。你看，在这种情况下，虽然接受的是新知识，但对乐乐来说，更像是和老朋友见面，要亲切得多，也不会感觉太有难度了。

有人会说，阅读和英语有什么关系？语文、英语都是语言，学生刚开始学字母和单词时，这两个学科好像没什么关系，但表达句子、写作的时候，是不是就有关系了？学得越深入，你越会发现，英语的写作逻辑和中文是一样的，英语的句子，虽然和中文的表达方式不一样，但基本结构还是类似的。

大量的阅读，可以让孩子在不断阅读中调整学习方法。

乐乐曾经和我谈到，在网络上读到“葱鲔火锅式”读书笔记法，其来源于日本“笔记本作家”奥野宣之的《如何有效阅读一本书：

超实用读书笔记法》，大意是通读、重读、标记。浏览了一下后，乐乐告诉我："这不就是我常用的学习方法吗？区别大概就是苹果砸在牛顿头上，牛顿发现了万有引力定律，而砸在我头上，我把苹果吃了。"

事实上，这样的读书方法，乐乐一开始就会用吗？当然不是，是乐乐在长期的阅读中，不断地学习别人的方法，再结合自己的喜好，不断地优化调整，最终形成了适合自己的方法。

在阅读中不断重复旧知识，补充新知识，这样学习起来，就会形成良性循环，实现学习的加速度。在阅读过程中，不可避免地会发现"遗忘"这个天敌。因为关注，所以会有意识地搜集，进而接触到许多对付遗忘的高招。

初期学习都是从字词开始，然后过渡到短篇、长篇。往往很厚的一本书，在很短时间内就能看完。是真的拥有一目十行的能力吗？显然不是，而是拥有了快速提取有用知识的能力，这就是阅读的魅力——不仅愉悦精神，更能为我所用。

阅读，还加强了各学科之间的联系。

如果一门学科的知识是一张结构细密的网，那么所有学科就交叉组成了一张巨型知识网络图。你很难说数学和物理、化学之间没有一点儿关系，也很难说英语和语文无关。阅读得多了，你会发现，各学科之间不仅学习方法可以迁移，学习内容也可以迁移。